本书得到以下基金项目的支持：

2020年度广东省普通高校特色创新项目（项目编号：2020WTSCX059）

2020年度广东省哲学社会科学规划项目（项目编号：GD20CYJ16）

指数基金所有权、
股票流动性
与公司资本投资研究

周　静◎著

中国财经出版传媒集团

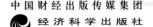

经济科学出版社
Economic Science Press

图书在版编目（CIP）数据

指数基金所有权、股票流动性与公司资本投资研究/
周静著 . ——北京：经济科学出版社，2022.9
ISBN 978 - 7 - 5218 - 4038 - 4

Ⅰ. ①指…　Ⅱ. ①周…　Ⅲ. ①公司 - 资本投资 - 研究
Ⅳ. ①F276. 6

中国版本图书馆 CIP 数据核字（2022）第 181472 号

责任编辑：程辛宁
责任校对：郑淑艳
责任印制：张佳裕

指数基金所有权、股票流动性与公司资本投资研究

周 静 著

经济科学出版社出版、发行　新华书店经销

社址：北京市海淀区阜成路甲 28 号　邮编：100142

总编部电话：010 - 88191217　发行部电话：010 - 88191522

网址：www. esp. com. cn

电子邮箱：esp@ esp. com. cn

天猫网店：经济科学出版社旗舰店

网址：http://jjkxcbs. tmall. com

北京季蜂印刷有限公司印装

710 × 1000　16 开　10. 25 印张　170000 字

2022 年 9 月第 1 版　2022 年 9 月第 1 次印刷

ISBN 978 - 7 - 5218 - 4038 - 4　定价：68. 00 元

（图书出现印装问题，本社负责调换。电话：010 - 88191510）

（版权所有　侵权必究　打击盗版　举报热线：010 - 88191661

QQ：2242791300　营销中心电话：010 - 88191537

电子邮箱：dbts@ esp. com. cn）

前　言

　　近 20 年来，机构投资者在全球金融体系中逐步发展壮大，在资本市场的主导地位已经成为一种发展趋势。从主、被动投资策略分类看，无论是国外发达的资本市场还是国内资本市场，被动型股票基金数量及管理的净资产都存上升趋势，所以从被动机构所有权角度研究公司信息披露、股票流动性，以及公司决策制定的变化是与时俱进的，具有重要的现实意义。本书以沪深 300 指数重构为背景，从指数所有权角度研究其对管理层预测、股票流动性的影响。由于股票流动性增加能够降低资本成本，我们也考察了公司资本投资的变化及其产生的经济外部性。具体研究内容和结论如下：

　　（1）以进入沪深 300 指数的公司为样本，采用 BILS 方法匹配控制组，用扩展的斜率型 DID 模型检验了指数基金所有权对管理层预测次数、流动性影响，以及管理层预测次数对信息不对称程度、流动性的影响。结果发现股票流动性的影响存在两条路径：第一条路径是无信息生产的流动性增加，数量上一标准差指数所有权的增加导致 9.37% 标准差股票流动性增加；第二条路径是有信息生产的流动性增加，数量上一标准差管理层预测次数的增加导致 1.55% 标准差股票流动性增加。遗憾的是，没有发现平均持股为 0.507% 的指数基金所有权对管理层预测次数在统计上有显著影响，而管理层预测次数的增加主要是进入沪深 300 指数的"包括"效应产生的结果。宣布进入沪深 300 指数后，累积非正常收益短期发生正向反转，而长期持续性下降，持续性下降的因素除了事前收益动量的负面影响外，事后流动性增加、信息不对称程度下降也是两个重要因素。

（2）提高股票流动性对建立高质量资本市场的意义重大：第一，从代理理论上看，股票流动性增加可以减少大股东的监督成本，减少小股东搭便车问题，提高公司治理效率；第二，从外部融资角度看，股票流动性增加降低了资本成本，导致公司偏好发行股票融资，从而降低了财务杠杆率；第三，从公司绩效上看，股票流动性提升刺激了知情投资者的进入，这使得股票价格对利益相关者更具有信息，从而改善了运营结果，放松了财务约束，提升了公司价值；第四，从经济增长角度看，股票流动性的提高增加了公司资本投资，从而促进经济的发展，也揭示了建立有效的资本市场可以刺激长期经济增长，为实体经济发展服务。本书进一步检验了股票流动性对公司资本投资的影响，发现进入沪深 300 指数后公司确实增加了它们的资本投资，水平资本支出均值的双重差分值是正显著的，通过上一年年末总资产标准化后，双重差分值也是正显著的。在回归分析中，用扩展的斜率型 DID 模型发现股票流动性对公司资本投资的影响是正显著的。

（3）在沪深 300 指数重构的背景下，采用结构模型和工具变量法研究了行业同群公司资本投资的同群效应。发现跟随公司对领导公司的资本投资具有学习效应，领导公司一个标准差资本投资导致 73.37% 标准差跟随公司的资本投资增加。当我们替换领导公司后，没有发现显著的影响，而相对应的领导公司仍然对跟随公司的资本投资产生显著的影响，说明跟随公司的学习方向没有替代性，我们主回归的结果是稳健的。我们也检验了学习效应的机制：信息为基础的模仿理论和竞争为基础的模仿理论，发现二者同时起作用。

检验结果发现信息环境越差，领导公司的资本投资行为对跟随公司影响越强烈，因为模糊不确定的信息环境是模仿的最大动机，符合信息为基础的理论。当我们控制行业公司动态数时，发现行业集中度高的领导公司的资本投资行为对跟随公司影响越强烈，由于跟随公司和领导公司在相同行业，市值相近，有可比较的资源和位置，符合竞争为基础的理论。在异质性分析中，我们还发现销售收入增长率低、外部融资依赖性低、股票流动性高的跟随公司对领导公司资本投资行为响应强烈。这也说明行业发展前景的不确定性、资本成本的高低是跟随公司是否积极模仿领导公司资本投资行为的两个潜在决定因素。

综上所述，无信息生产流动性增加和信息生产流动性增加是增加市场流动性的两个路径，从提高公司治理质量、增加自愿性信息披露水平、改善信息环境的角度讲，第二条路径也是建立高效、完全竞争资本市场的有效路径，也有利于抑制行业同群间因为信息不完全而发生模仿行为。在高度不确定的环境中，模仿可能放大早期驱动者的错误，对公司或社会产生较大的负面影响。需要管理层、政策制定者理解为什么模仿行为发生，在什么时候产生有害的影响，避免羊群效应的发生，避免投机泡沫、浪费资源，充分发挥模仿行为正的经济外部性。

目　　录

第一章

绪　　论

第一节　研究背景和研究意义

一、研究背景

（一）现实背景

近 20 年来，机构投资者在全球金融体系中逐步发展壮大，对发达国家的储蓄增长、资源配置、金融资产定价、资本市场稳定、上市公司信息环境的改善和公司治理等都产生了重大而深远的影响。机构投资者在资本市场的主导地位已经成为一种发展趋势。

根据美国投资协会 2017 年的报告《2017 年投资公司概况》（*2017 Investment Company Fact*

Book），在美国注册的投资公司总净资产 1998 年末为 5.79 万亿美元，2008 年末为 10.365 万亿美元，2016 年末为 19.215 万亿美元，占全球总基金净资产的 47%（欧洲占 35%），年平均增长 0.75 万亿美元。到 2016 年末，共同基金净资产为 16.3 万亿美元，ETFs 基金净资产为 2.5 万亿美元，封闭式基金净资产为 0.262 万亿美元，单位信托基金为 850 亿美元，共同基金占比达到 85%，ETFs 基金占比达到 13%。从投资份额上看，31% 份额投资公司权益，19% 份额投资公司债券，13% 份额投资国库券，23% 份额投资地方政府债券，19% 份额投资商业票据。大部分美国的共同基金和 ETFs 基金是长期基金，投资美国公司权益资产达到总资产的 42%，非美国公司只有 14%。家庭作为基金的最大投资者，43.6% 的家庭拥有共同基金，占共同基金资产的 89%，基金投资公司持有家庭金融资产的份额从 1980 年的 3% 上升到 2016 年末的 22%。其中，401（K）完全基金式的企业养老金计划增长贡献很大，2016 年末，9.3% 的家庭金融资产在 401（K）计划中，共同基金管理了 55% 的这些资产。从上面机构投资者持有资产的数据及发展趋势看，不但关系到社会财富、家庭财富、个人财富及个人养老金的增值和收益分配，而且在金融市场中的分量和影响力逐步扩大。上市公司支付的红利和股价上涨是机构投资者管理的资产价值升值的一个主要来源。机构投资者作为金融市场的主体，在多大程度上参与公司的治理，对上市公司信息环境、公司决策产生什么影响，是政策制定者、学术界和实业界一直探讨的热门话题。

在报告中，我们还发现一个有趣的现象，如果把共同基金分类为主动型和指数型的话，2007 年到 2016 年末，主动型权益基金净现金流持续流出，累计达 1.1 万亿美元，指数权益基金及指数 ETFs 权益基金净现金流持续流入，包括红利再投资，累计达 1.4 万亿美元。数据趋势的背离反映了投资者对成本收益的权衡后，对透明度高、成本低的指数基金的偏好。投资于公司权益的指数基金规模的急剧上升，引起了公司治理的一个新的视角，被动管理基金是否是被动所有权，有没有兴趣和能力监督公司，对公司信息生产、信息透明度产生什么影响，以及公司政策制定的变化，目前成为一个热门话题。

与发达的美国、欧洲资本主义国家相比，中国资本市场起步晚，制度背景的差异导致上市公司股权结构发展路径不同。美、英等国上市公司股权结构经历了由分散到集中，由管理人控制到机构积极的直接监督，养老基金的兴起导致上市公司股权结构革命性的变化，为破解"伯利－米恩斯难题"带来希望（Shleifer and Vishny，1986）。中国上市公司的股权结构正经历由国有股一股独大到分散的趋势：1999 年中国监管层提出"超常规发展机构投资者"的建议；2002 年 11 月中国证监会与人民银行联合发布《合格境外机构投资者境内证券投资管理暂行办法》，正式引入 QFII 制度，中外合资证券公司和基金管理公司开始出现；2004 年 1 月，国务院发布了《关于推进资本市场改革开放和稳定发展的若干意见》（简称"国九条"），提出继续大力发展证券投资基金，支持保险资金以多种方式直接投资资本市场，逐步提高社会保障基金、企业补充养老基金、商业保险资金等投入资本市场的资金比例，要培养一批诚信、守法、专业的机构投资者，使基金管理公司和保险公司为主的机构投资者成为资本市场的主导力量；2005 年 4 月启动股权分置改革，使上市公司非流通股份变为可流通股份，实现股东利益一致；2015 年 9 月国务院实施国有企业混合所有制改革；2018 年 5 月实施划转部分国有资本充实社保基金，6 月国际著名的指数编制公司明晟公司将部分 A 股成功地纳入MSCI 新兴市场指数，将逐步成为国际机构投资者的标配。这一系列的改革给中国资本市场的机构投资者发展带来机遇。

根据《中国证券投资者结构全景分析报告（2016）》分析，专业投资机构[①]持股市值比重持续提升到 16.3% 水平，其中，公募基金占比由 2006 年的 85.75% 下降到 2016 年的 33%，私募基金由 0.46% 上升到 28%，保险公司由 5.73% 上升到 11%，其他类型的机构投资者由 8.01% 上升到 28%，形成公募基金、私募基金和保险公司三分天下的格局（蒋建蓉和龚芳，2017）。另外，根据锐思公募基金数据库，我们主要统计了 1999～2017 年股票型、债券型、货币型、ETF 型、股票主动型及被动型公募基金的发行数量和年末净资产，如表 1－1 所示。

---

① 专业机构投资者，包括境内公募和私募基金、证券、保险、信托等资管机构及其资管产品等。《中国上市公司治理发展报告》中指出，中国机构投资者主要包括证券投资基金、社保基金、合格境外投资者（QFII）、证券自营商和保险公司等。

表1-1 公募基金类型及期末净资产

年份	股票型		债券型		货币型		混合型		ETF		主动型		被动型	
	数量(只)	净资产(亿元)	数量(只)	净资产(亿元)	数量(只)	净资产(亿元)	数量(只)	净资产(亿元)	数量(只)	净资产(亿元)	数量(只)	净资产(亿元)	数量(只)	净资产(亿元)
1999	19	484												
2000	33	806					1	42						
2001	49	758					2	60						
2002	56	784	2	77			9	252						
2003	68	1069	12	118			23	342					4	73
2004	83	1394	16	82	7	610	48	1070					6	131
2005	89	1385	17	252	24	1830	79	1093	3	189			12	200
2006	104	2518	25	213	40	795	143	5146	9	218			18	307
2007	94	9072	27	705	40	1110	191	22208	8	377	2	110	19	1937
2008	100	3817	63	1876	40	3892	236	9750	8	384	1	25	22	973
2009	141	7943	82	823	43	2595	297	15539	14	828	1	44	53	3456
2010	203	7447	117	1740	46	1533	353	14632	27	817	3	56	90	3374
2011	274	6505	171	1856	51	2949	440	11216	52	1245	5	49	144	3429
2012	341	7358	281	4734	64	5743	514	11298	59	2735	12	58	197	4356
2013	400	6361	475	5043	102	7489	608	11449	108	2325	21	67	253	3605
2014	477	8514	550	4767	178	21243	729	11675	125	4043	35	336	294	5650
2015	728	9466	600	8073	221	44913	1173	22079	139	9205	129	1945	452	5373
2016	795	8803	1020	19589	292	43901	1768	20557	162	7313	170	1742	479	5435
2017	887	8501	1228	18594	342	67816	2090	19602	175	5998	218	1779	528	4999

注：主动型基金为股票主动型，被动型基金为股票指数型；2017年末公募基金净资产总额114.739千亿元。

资料来源：锐思基金数据库。

从年末基金数量上看，各种类型公募基金基本上逐年递增，从年末基金管理的净资产上看，除了股票型基金、股票型主、被动基金在2007年、2015年有较大的波动外，也呈现出递增趋势，特别是在2015年后，货币型、债券型基金几乎成倍地增加。在 2017 年末，887 只股票型基金，管理 8501 亿元净资产，占总公募基金净资产的比重为 7.409%；1228 只债券基金，管理 1859 千亿元净资产，比重为 16.205%；342 只货币基金，管理 67816 亿元净资产，比重为 59.105%；2090 只混合基金，管理 19602 亿元净资产，比重为 17.124%。这与前面提到的美国投资协会报告的 2016 年末公募基金 31% 份额投资权益、42% 投资债券、32% 投资国库券及商业票据的比例形成鲜明的对比。从主动、被动投资策略分类看，被动型股票基金数量及管理的净资产都远远大于主动型，2017 年末分别达到 2.4 倍和 2.8 倍。

从以上数据可以看到，机构投资者已成为中国资本市场上重要力量，但公募基金持股市值比重的下降，股票型基金占比远远低于美国市场权益投资，在制衡上市公司大股东和监督管理层的决策方面是否会积极参与，多大程度参与，对信息生产和公司信息透明度会产生什么影响，以及公司政策制定的变化，这不仅是发达的资本市场面临的问题，也是一个新兴资本市场面临的问题，对于我们这个处于改革转型期的资本市场显得尤为重要。另外，根据南开大学发布的 2017 年"中国公司治理指数"，股东治理指数、董事会治理指数、监事会治理指数、经理层治理指数、信息披露指数和利益相关者治理指数六大指数中，股东治理指数 2017 年首次出现回落，其他均呈上升态势，其中经理层治理和信息披露提高最为显著。2017 年股东治理指数为 65.00，相比 2016 年的 66.04 降低了 1.04。三个二级指标中，独立性上升了 3.08，中小股东权益保护降低了 1.12，关联交易降低了 3.02。中小股东权益保护指数下降的主要原因是部分上市公司对敌意收购反应过度，设置的反敌意收购条款损害了中小股东选举董事的权利。关联交易指数降低是因为关联方经营性资金占用和经营性关联交易得分显著下降。近年发生的上市公司控制权争夺事件导致许多股权分散的上市公司修改公司章程，实施反敌意收购自卫机制来提高敌意收购的难度。但部分公司防御过度，在提高了敌意收购难度保护创始人控制权的同时，也增加了中小股东提名选举董事的难度，损害了中小股东权益。股东治理指数的回落与机构持股比例的持续上升发生了背离，进一步激发了我们对机构投资者及构成成分变化对公司治理和信息披露的影响，以及公司政策制定变化的研究。

（二）理论背景

2001 年的诺贝尔经济学奖获得者阿克洛夫（Akerlof，1970）在 1970 年发表了《柠檬市场：质量不确定和市场机制》的论文，开创了逆向选择理论的先河，奠定了"不对称信息学"的基础。经济理论和现代会计思想的一个主要结合就是致力于较大信息披露的上市公司能够降低信息不对称程度，从而降低资本成本。从经济理论上讲，上市公司的充分披露，可以降低证券市场发行与交易过程中的信息不对称、节约交易成本；避免签约前投资者的"逆向选择"，抑制管理层签约后的"内部人控制""道德风险"与机会主义行为（Zeff，1978）。韦雷基亚（Verrecchia，2001）把 2001 年前会计披露的文献归结为三类：第一类，披露的协相关性，主要通过资产均衡价格和交易量行为研究外生性披露对投资者个人行为累计变化的影响；第二类，自愿性的披露，主要研究管理层或公司怎样实施他们所知道信息的自愿性披露；第三类，有效的披露，主要讨论在缺乏先验信息的条件下，哪个披露安排受到偏爱。并把信息不对称的减少作为理解披露理论的一个潜在的起点，信息不对称的减少可以作为一个载体，整合了披露选择的有效性、披露的激励和资本市场变化的内生性。希利和帕莱普（Healy and Palepu，2001）检验了信息披露在资本市场的作用，把信息问题和激励问题归结为阻碍资本市场资源有效配的两个重要因素，可靠的信息披露是缓解这些问题的关键。但随着经济环境的变化以及监督能力、最优契约的实施①、专有成本②、不完善的监管、金融分析师和信用评级机构等信息中介的潜在激励等一系列制度因素制约了信息不对称的消除和管理层的自私引起的代理问题的解决，从而影响了投资者事前利用会计信息对公司的估值以及事后对管理层的监督。拜尔等（Beyer et al.，2010）把这两个特征归结为会计信息的估值和管理问题，二者需要的

---

① 企业家和投资者之间的最优契约将激励企业家披露全部私有信息，从而减少投资者的错误定价（Kreps，1990）。

② 专有成本是指全部信息披露可能会给公司带来负面影响，它是披露决策必须考虑的重要抵减因素。例如，一个公司的竞争者从公司的专有信息披露中学习，聘用拥有该信息的雇员，从而导致专有信息披露的边际成本增加。

信息存在差异。估值问题需要关于公司价值的总信息，包括管理层的努力和机会主义。而管理问题需要观察管理层的直接行为或通过来自管理层的努力对公司的价值贡献来推断管理层的行为，解决道德风险。这二者一起导致公司信息环境的内生性发展。为了更好地理解公司信息环境的主要构成和发挥的作用，笔者通过管理盈余预测、分析师预测、证交会申报文件、盈余发布指引和实际的盈余披露对季度盈余收益的方差贡献来识别投资者信息的来源。平均而言，会计披露解释了 28.37% 的季度股票收益方差，其中，管理预测提供大约 55% 的会计信息，盈余预告提供了 11%，自愿性信息披露合计提供了 66% 的会计信息，分析师预测提供了 22%，盈余宣布提供了 8%，证交会申报文件提供了 4%，强制性披露合计提供了 12% 的会计信息。对于管理预测的较高信息解释力，拜尔（Berger，2011）提出了管理层对信息预测自我选择的关心。对于信息披露的成本和收益，会计和金融领域的理论和实证文章都证实了披露的收益大于成本（Beyer et al.，2010）。但由于缺乏相关成本的证据，克里斯滕森（Christensen，2012）对信息披露的收益提出了质疑。阿里等（Ali et al.，2014）从行业集中度的角度实证了专有成本和信息披露的关系，认为行业集中度与专有成本之间至少有三个潜在的联系：行业竞争程度、创新和信息内容。但对于不同的披露动机和专有成本的来源及度量，朗和苏尔（Lang and Sul，2014）提出了未来发展的机遇和挑战。

根据前面的现实背景，机构投资者已成为投资者中的一个主体，但存在差异化的发展趋势。机构投资者由激励最大化投资组合收益来增加投资现金流入和管理费用，面临着对上市公司的估值和监管，也就是说面临着信息问题和管理问题。机构投资者为了降低信息成本，减少监督成本，需要公司管理层提供可靠的自愿性信息披露。根据拜尔等（Beyer et al.，2014）的调查证据，公司管理层渴望吸引和维持长期投资者。这就意味着公司管理层视机构投资者为重要的股东，接受他们的监督，听取他们的建议。所以机构投资者不再是传统的抛售股票的"华尔街规则"（The Wall Street Rule），而是主动的"用手投票"。除了有效监督假说之外，庞兹（Pound，1988）还提出了利益冲突和战略合作假说。利益冲突假说认为，机构投资者与公司内部人之间商业关联，降低了机构投资者的独立性因素，从而限制了机构投资者的监督；战略合作假说认为，机构投资者可能通过与公司内部人的合作和共谋获取比监督更高的收益，从而削弱了监督作用。这个竞争性的假说为我们的研究创造了机遇和挑战。所以在我国的经济制度背景下，机构投资者长期增长和异质性发展趋势的条件下，从一个外生冲击的环境下研究机构投资者对上市公司信息环境的影响具有重要的经济意义和实践价值，为我们研究机构投资者对上市公司的治理机制、信息生产和信息透明度的影响，以及公司政策制定的变化拓展了空间。

（三）研究环境

中国沪深 300 指数（CSI300）的重构，给新加入的上市公司带来了机构所有权的外生性增加，以此外生性冲击为背景来研究机构投资者的增加对新纳入指数的上市公司的信息环境的影响、资本市场流动性影响以及流动性产生的真实经济后果。CSI300 重构规则是预先设定的，这个规则对公司信息环境和交易环境没有直接的关系，这为我们的因果识别和模型设定提供了很好的条件。

沪深 300 指数是由沪深 A 股中规模大、流动性好的具有代表性的 300 只股票组成，于 2005 年 4 月 8 日正式发布，采用自由流通量分级靠档调整的市值加权派许指数，包括了沪深 A 股 50% 以上的总市值，综合反映沪深 A 股市场整体表现。按日均交易额和日均总市值排在 CSI300 之后的 500 只沪深两地上市的个股构成中证 500 指数，约占沪深 A 股总市值的 16%，只代表中小盘的走势。上证 50 是上海证券市场规模大、流动性好的最具代表性的 50 只龙头企业组成，代表大型蓝筹股的走势。沪深 300 指数以非 ST、*ST、非暂停上市股票为样本空间，计算最近一年（新股上市第四个交易日以来）的日均成交金额与日均总市值。日均成交金额由高到低排名，剔除排名后 50% 的股票，然后按日均总市值由高到低排名，选取前 300 只股票为指数样本。中证指数专家委员会每年 5 月和 11 月审核样本股，每年 7 月和 1 月的第一个交易日实施调整，2013 年后调整为 6 月和 12 月第二个星期五收盘后的下一个交易日实施调整。5 月份的审核依据上一年 5 月 1 日到审核年度 4 月 30 日的交易数据和财务数据；11 月份的审核依据上一年 11 月 1 日到审核年度 10 月 31

日的交易数据和财务数据。每次调整数量不超过 10%，并设立缓冲区规则：老样本日均成交金额在样本空间排名前 60%，参与日均总市值排名，排名在前 360 的老样本优先保留，排名在前 240 名的候选新样本优先进入。定期审核时设置 15 个备选名单用以定期调整之间的临时调整。另外，CSI300 指数是众多公募基金的跟踪标的或投资收益的评价标准，也是中国证券市场上最早、最重要的 CSI300 股指期货标的资产，对于机构投资者来说比上证综指和深圳成指更重要。

自 2005 年 CSI300 正式发布以来，CSI300 基金数量逐年递增，截至 2017 年底，达到 67 只，如图 1－1 所示。管理净资产规模在 2014 年前也是逐年增加，2014 年底达到 2489 亿元，而 2015 年回落到 1356 亿元，到 2017 年底维持在 1432 亿元。从 CSI300 基金占股票型指数基金的比重看，2007～2014 年一直维持在 42% 左右，2015～2017 年下降到 25% 左右。

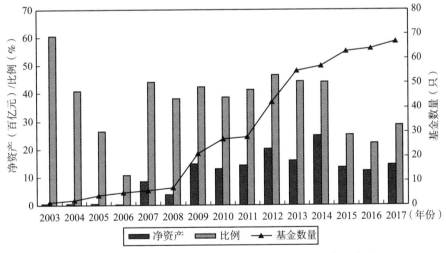

图 1－1　CSI300 指数基金净资产及占股票指数型基金比重

二、研究意义

综合以上分析，基于机构投资者实际发展状况和会计信息理论的发展，本书运用信息不对称理论、自愿性信息披露理论、公司治理理论、机构投资者的有效监督假说、同群效应理论，采用"逻辑推演→模型设定→实证分析"的研究路径，研究机构投资对上市公司自愿信息披露的影响、自愿性披露对交易环境的影响及路径分析。股票流动性作为必要收益率的决定因素，它的增加降低了资本成本，扩大了可盈利的投资机会，可能增加公司的投资机会，我们也检验了公司的投资活动。由于信息的不对称和行业的经济竞争，进一步研究公司资本投资的同群效应以及影响机制。这对理解机构投资者的投资行为、分析上市公司信息环境改善的原因、研究自愿性信息披露对交易环境的影响机制、股票流动性的真实影响及公司资本投资的经济外部性具有重要的理论价值和实践意义。

（1）有助于理解机构投资者的投资行为。机构投资者有激励最大化投资组合收益，事前面临着依据上市公司已披露的会计信息对公司估值，披露信息的多少和质量的高低直接影响估值的公允，影响对公司的投资态度和持有成本。事后为了维护自身的利益和降低信息获取成本，对维持和提高公司信息环境提供了必要条件。

（2）有助于分析上市公司信息环境改善的原因。公司信息披露作为公司和外部联系的桥梁和纽带，由于代理问题的存在及专有成本问题，信息的不对称使信息的需求方和供给方产生逆向选择和道德风险。本书从一个外生性指数基金的持股比例的增加来研究机构投资者对公司的信息环境的影响，识别公司信息环境的内生性变化。

（3）有助于研究自愿性信息披露对交易环境的影响机制。本书从一个外生性指数基金的持股比例的增加来研究交易环境的变化，对影响路径的分析具有理论意义。

（4）流动性对金融市场交易的有效运行起到关键作用，是金融资产定价的一个重要因子，关系到投资的预期收益。流动性的增加能降低资本成本、提高公司价值，进一步影响公司的财务决策以及金融政策目标的制定。实证检验指数所有权、管理层预测对股票流动性影响及影响路径，为公司的披露政策、财务决策、金融政策的制定以及突出指数基金在金融市场中重要性提供理论支持和经验证据。

（5）从同群公司真实投资的影响出发，揭示行业同群间公司资本投资行为学习效应的存在，及可能的影响机制和异质特征。更好地帮助我们理解公司资本投资行为的影响因素，及公司资本投资行为的外部溢出效应，超出了公司自身的会计信息系统对投资决策和资本配置的影响，对公司的真实资本投资及提高资源使用效率具有理论价值和实践意义。

第二节 研究内容和研究思路

一、研究内容

本书以沪深 300 指数重构为背景，从被动指数所有权的角度研究公司自愿性信息披露、交易信息环境、股票流动性等资本市场经济后果及公司真实资本投资的影响。具体内容如下：

（1）机构投资者和公司自愿性信息披露的度量。本书以沪深 300 指数重构为背景，以进入沪深 300 指数的上市公司为样本，所以把机构投资者分为沪深 300 指数基金和其他机构投资者，指数基金持有的上市公司所有权比例为本书要考察的机构投资者代理变量。在本书的研究背景下，它是一个外生性变量，相比策略交易者（主动型机构投资者）更需要较高的管理层信息披露，并且也排除了管理层策略性披露动机的影响。对自愿性信息披露的度量，考虑到自愿性信息披露的定价功能，本书采用管理层盈余预测的数量、精确度和及时性来衡量自愿性信息披露的定价功能。

（2）机构投资者对公司自愿性信息披露影响的实证研究。沪深 300 指数公开指数重构规则，我们采用板块、行业、流动性和市值相对应的方法（BILS）给进入指数的公司每年一对一的匹配控制组，用扩展的斜率型 DID 的回归设计识别指数基金所有权比例的变化对实施组自愿性信息披露的影响。采用 BILS 一对一的匹配减少控制组公司数量，提高匹配精度，减少估计偏误；另外，采用扩展的斜率型 DID 的设计可以消除时变的可观测因素的影响，及不可观测的时间不变的异质因素影响，排除了管理层使用自愿性披露程序操纵公司进入沪深300指数的关心。利用扩展的斜率型DID回归模型的截距项分离指数"包括"效应和指数基金所有权比例对自愿性信息披露的影响。

（3）公司自愿性信息披露的资本市场经济后果的实证研究。从资本市场角度，自愿性信息披露导致上市公司股票交易的流动性增加，资本成本下降，分析师跟踪的增加。本书用阿米尔德（Amihld，2002）的非流动度量作为流动性的代理变量，利用杜阿尔特和永（Duarte and Young，2009）测度的调整知情交易概率AdjPIN作为公司信息不对称程度的代理变量。由于指数基金所有权对流动性的影响可能是通过两个机制产生的：指数基金的偏好增加了披露，降低了信息不对称，增加了流动性；或者指数基金自身再平衡交易导致流动性增加。从路径上说，外生性指数基金所有权的增加导致自愿性信息披露的增加，自愿性信息披露的增加降低公司信息不对称程度导致流动性增加；另外一条路径是指数基金所有权的增加引起流动性增加。本书分别检验这两条路径的存在性。另外，本书也检验了股票流动性对公司资本投资的真实影响。

（4）公司资本投资的同群效应。以进入沪深300指数的上市公司为参考对象，使用根据中国证监会《上市公司行业分类指引（2012年版）》，制造业取前两位代码、其他行业取前一位代码构建行业群组。对于同群效应的度量，我们扩展利里和罗伯茨（Leary and Roberts，2014）的结构模型，为了有效地区分学习行为和同群公司特征对公司资本投资的影响，本书以沪深300指数基金持股比例为工具变量，采用两阶段最小二乘估计的方法。这样我们不但可以分离出同群行为和公司特征对公司资本投资的影响，还能解决遗漏的共同因素问题。

（5）公司资本投资同群效应产生机制的实证研究。为了进一步探索同群效应产生的机制，本书初步考虑二个可能的影响机制（Lieberman and Asaba，2006）：信息为基础的理论和竞争为基础的理论。信息为基础的理论认为，信息的不完全是学习行为的主要原因。我们使用重构年领导公司分析师跟踪、股价信息不对称程度的度量AdjPIN（Duarte and Young，2009）、是否为A+H股、是否为国有控股分别作为信息水平、股价信息不对称程度、信息质量和信息获取能力的代理变量。竞争为基础的理论认为，学习其他公司能够防御竞争，抵消竞争对手的侵略性行为，维持自己在市场中的相对地位。当公司拥有可比较的资源和市场位置时，公司可能选择模仿其他公司的行为来缓解竞争。我们采用行业集中度 CR4 和赫芬达尔指数 HHI（Giroud and Mueller，2011；Ali et al.，2014）作为行业竞争程度的代理变量。

二、研究思路

本书将综合采用信息不对称理论、公司治理理论、机构投资者有效监督假说、同群效应理论，采用规范分析与实证分析相结合、定量分析与定性分析相结合的研究法，探索指数基金所有权对公司自愿性信息披露的治理效应、自愿性信息披露资本市场经济后果的影响以及公司资本投资的真实影响。具体思路框架如图 1 – 2 所示。

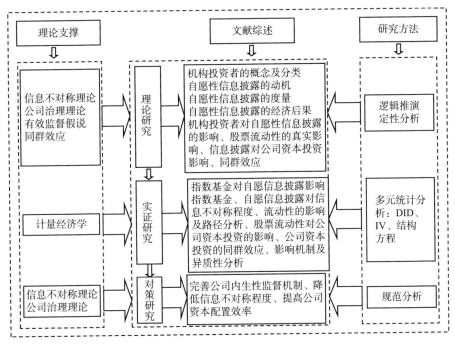

图 1 – 2　研究框架

第三节 研究创新

本书研究了指数基金所有权对公司自愿性信息披露的治理效应、自愿性信息披露资本市场经济后果的影响、股票流动性对公司资本投资的真实影响及其产生的经济外部性，主要创新点体现在以下几个方面：

（1）在估计自愿性信息披露对信息不对称程度、流动性的影响时，本书以沪深300指数重构为研究背景，以进入沪深300指数的上市公司为研究对象，对于实施样本公司，采用BILS方法每年进行一对一的匹配控制组公司，提高扩展的斜率型DID估计的精度，减少估计偏误，规避策略性管理预测的动机（Healy and Palepu，2001；Beyer et al.，2010）。相对于假设条件比较强的随机样本，我们的方法更实际、有效。

（2）本书揭示进入沪深300指数股票流动性增加的原因：一个是指数所有权对流动性增加的直接影响；另一个是管理层预测次数通过降低了信息不对称间接影响股票流动性。增加了对流动影响因素新的认识，丰富了相关文献。例如：布恩和怀特（Boone and White，2015）认为指数基金偏好高的披露，因为能够降低交易成本，并证明了当公司从罗素1000移动到罗素2000时增加了披露、流动性及机构所有权。舍恩菲尔德（Schoenfeld，2017）在S&P500指数重构背景下揭示了自愿性披露的增加直接导致流动性增加。另外，不对称信息的下降、流动性增加是非正常收益减少的两个重要决定因素，是对王川等（Wang et al.，2015）对进入沪深300指数股票长期非正常收益下降决定因素的补充和扩展。

（3）对公司资本投资产生的同群效应研究，不同于哈伯德（Hubbard，1998）、理查森（Richardson，2006）研究的公司水平投资的决定因素：成长机会、财务杠杆、现金持有、上市时间、公司规模、股票收益等。也不同于贝蒂等（Beatty et al.，2013）和李（Li，2016）研究的公司会计欺诈对同群投资的影响，及同群公司股票价格的学习对公司投资的影响（Foucault and Fresard，2014）。我们以事件为基础，研究领导公司的资本投资对跟随公司的投资冲击。扩展利里和罗伯茨（Leary and Roberts，2014）使用的结构模型，不同于传统的特质权益收益冲击或特质风险作为工具变量，本书采用进入沪深 300 指数首个季度沪深 300 指数基金持股比例为工具变量，分离出学习行为和同群公司特征对公司资本投资的影响，解决遗漏的共同因素问题，是对现有的国内外公司治理方面同群效应研究文献的补充。

（4）实证检验了利伯曼和阿萨巴（Lieberman and Asaba，2006）归纳总结的同群公司模仿机制（学习机制）的理论体系：信息为基础的理论和竞争为基础的理论。通过构造行业同群，利用利伯曼和阿萨巴（Lieberman and Asaba，2006）的判别条件，区分是信息为基础的理论还是竞争为基础的理论，或者二者兼有产生了资本投资的同群效应。

第二章

文 献 综 述

通过对所研究领域文献的收集、整理、归纳，对该领域的相关研究问题及发展状况从以下几个方面做出全面系统的介绍：机构投资者的概念与分类、自愿性信息披露、机构投资者对自愿性信息披露的影响、股票流动性的真实影响、信息披露对公司资本投资的影响、同群效应及文献研究评价。

第一节　机构投资者的概念及分类

在资本市场上机构投资者是个常见的名称，但没有统一的理论界定。广义上讲是指用自有资金或者从分散的公众手中筹集的资金专门进行有价证券投资活动的法人机构；狭义上讲是指具有证券自营业务资格的券商及符合国家有关法律法规的证券投资管理基金，主要包括：证券投资基金、社保基金、合格境外投资者、券商自营、保险公司等①。考虑到不同机构投资者的交易行为的差异，国内外研究者根据研究的背景、动机、目标的不同，有目的地将机构投资者进行分类。

（1）拟指数型、专注型和短暂型机构投资者分类。布希（Bushee，1998）为了考察机构投资者对公司利用研发投资进行盈余管理的影响，采用因子分析和 K 均值聚类分析的方法将机构投资者分为拟指数型、专注型和短暂型。3 个因子 9 个观测变量分别为：第一，组合分散度因子包括机构投资者平均持股权重（市值）、机构投资者平均持股头寸、机构投资者持股比例超 5% 的平均头寸、机构投资者持股比例平方和的对数（赫芬达尔指数）4个变量；第二，机构组合换手率因子包括组合成份股权重平均变化度量的组合换手率、机构连续持有两年的公司的权重占总权重的百分比度量机构的稳定性 2 个变量；盈余敏感性因子包括盈余宣布季度机构投资者季度持股比例的平均变化、机构持股比例增加的公司盈余的平均变化与持股比例减少的公司盈余的平均变化的差值、盈余为正时机构持股比例的平均变化与盈余为负时机构持股比例的平均变化的差值 3 个变量。拟指数型机构投资者体现出的特征为：时间长、分散度高、换手率低、低的盈余敏感性。专注型机构投资者体现的特征为：时间长、分散度低、换手率低、低的盈余敏感性。短暂型机构投资者体现的特征为：时间短、分散度高、换手率高、高的盈余敏感性。如果通过时间聚类的话，发现盈余敏感性因子不稳定。研究结果证实了机构投资者通过监督管理层，确保研发的投资水平，最大化长期价值，而不是满足短期盈余目标。但分组结论表明，短暂的机构投资者增加了管理层减少研发投资增加盈余的动机。布希（Bushee，2001）在研究机构投资者偏好近期盈余还是长期价值时，取消了盈余敏感因子，仍然分为拟指数型、专注型和短暂型。为了突出信托限制的影响，将机构投资者分为四组：银行、保险公司、投资公司和投资顾问、养老金和捐赠基金。银行、养老金和捐赠基金信托限制大于保险公司、投资公司和投资顾问。结果发现短暂型和有严格信托

---

① 《中国上市公司治理发展报告》中指出中国机构投资者主要包括：证券投资基金、社保基金、合格境外投资者、券商自营、保险公司等。国泰安数据库还将信托、财务公司、银行、非金融类上市公司作为机构投资者。

标准的机构正相关期望的近期盈余，负相关期望的长期盈余。布希（Bushee，2000）使用布希（Bushee，2001）的三类机构投资者分类方法，研究公司的披露对机构投资者的成分及股票收益波动的影响。发现披露排序的提高导致了较高短暂型的所有权，随后股票收益波动增加，体现了短期主动型交易策略。拟指数型持有较高披露排序的公司，倾向于减少披露排序下降的公司，但不会立即增持排序上升的公司，不会导致未来收益率较高的波动，体现了依靠公司披露作为低成本监管的特征。专注型机构投资者对披露排序是不敏感的。

布希（Bushee，1998，2001）的机构投资者分类方法成为一个经典，为后续的研究者直接采用（Souza et al.，2010；Aghion et al.，2013；Boone and white，2015；Liu et al.，2018）。

（2）按持股比例的高低划分。机构持股比例的大小直接决定了机构的投票权、话语权、股东提案的影响及退出威胁对股价造成的影响，进一步影响到公司治理和公司政策。按持股比例的高低分类是最简单的一种，但没有考虑到机构投资者的异质性，会掩盖机构监管机制的差异。吉兰和斯塔克斯（Gillan and Starks，2000）研究了股东提案和机构投资者的积极性，发现机构投资者提案获得市场投票的偏好，且正相关于机构持股比例。阿金亚（Ajinkya et al.，2005）研究了董事会、机构投资者对管理层盈余预测的影响，发现更多的独立董事、更多机构所有权的公司很可能发布盈余预测且倾向于高频率的预测、高的精确度。格林斯坦和迈克尔（Grinstein and Michaely，2005）检验了美国上市公司机构持有与股利政策的关系，发现机构偏好红利支付和股票回购的公司，但持股比例高低和集中度不会引起公司增加红利和股票回购。

（3）长期独立型高比例机构投资者和其他。陈等（Chen et al.，2007）在并购背景下，监管成本收益框架下，为了研究机构投资者对收购方公司的监管，将机构投资者分类为长期独立型高比例机构投资者和其他类型。首先，并购方交易宣布前一季度排名前 5 的机构投资者作为集中度度量；其次，把投资公司、独立的投资咨询公司、与公司没有商业关系的公共养老基金分类为独立型机构投资者，银行、保险公司、大学捐赠基金及其他养老基金归类

为非独立的机构投资者；再其次，并购方交易宣布前四季度存在的排名前 5
独立的机构投资者为长期机构投资者；最后，采用布希（Bushee，1998）分
类方法得到的专注型和拟指数型进行精选。从而把排名前 5 的机构投资者分
为两类。实证结果表明，长期独立型机构投资者正相关于并购后业绩，该机
构投资者的存在使得并购公司撤回了更多糟糕的收购活动，排除了机构投资
者的自我选择问题，说明了长期独立型机构投资者监管机制的存在。

（4）机构所有权的稳定。爱尔巴桑等（Elyasiani et al.，2010）在研究机
构投资者对公司债务成本的影响时，建立了特定公司机构所有权稳定指标和
持续性指标。特定公司机构所有权稳定指标是特定公司 5 年期内机构持股比
例方差的均值；特定公司机构所有权持续性指标是指机构投资者对特定公司
平均所有权与标准差的比值的平均。结果发现机构所有权的稳定性能够减少
债务成本，且在信息不对称及代理成本大的公司影响程度强。坂木等
（Sakaki et al.，2017）利用机构所有权的稳定性研究真实盈余管理，发现稳
定的机构所有权通过限制过度生产降低真实盈余管理，起到监管的作用。

（5）主动和被动管理的机构投资者。2008 年金融危机后，透明度高、成
本低、以风险控制为主的指数共同基金和 ETF 基金受到投资者追捧，规模迅
速增长，而主动型共同基金呈下降趋势。这个现象引起学术界的广泛关注，
研究被动型或主动型机构投资者对公司治理、公司政策及市场效率的影响成
为一种趋势。伊列夫和洛瑞（Iliev and Lowry，2015）研究共同基金是否积极
投票时，将共同基金分为指数型基金和主动管理型基金，然后利用主动管理
型基金在积极投票的成本收益框架下研究独立投票和依靠机构服务推荐投票
对基金业绩和公司输出的影响。阿佩尔等（Appel et al.，2016）研究发现指
数型共同基金影响公司治理决策，提高了公司长期绩效。施密特和法伦巴赫
（Schmidt and Fahlenbrach，2017）发现被动所有权的增加改变了公司所有权
结构，增加了代理成本。德莱尔等（De Lisle et al.，2017）按照布希（Bush-
ee，2001）的机构投资者分为两类：拟指数型划分为被动型机构投资者，专
注型和短暂型划分为主动型机构投资者。研究发现，被动机构所有权的增长
正相关于市场模型的 R^2 的增长，减少了股票价格中特质成分，增加了同步
性；另外，被动机构所有权的增长负相关于未来盈余的预测能力，侵蚀了价

格的信息含量。

国内现存的关于机构投资者对公司治理及公司政策影响的文献，对机构投资者的异质性的分类主要体现在：按机构持股比例的多少或组合权重大小、数据库的原始划分；按布希（Bushee，2001）的分类标准划分或者选择九个变量的其中一个来划分，如集中度、换手率或持有时间、机构所有权稳定性指标的采用、几个变量的综合使用。王琨和肖星（2005）发现机构投资者持股比例与上市公司被关联方占用资金负相关。程书强（2006）研究发现机构持股比例能抑制应计项盈余管理，增强盈余信息的真实性。石美娟和童卫华（2009）发现股权分置改革后，机构持股比例与公司价值正相关。汪玉兰和易朝辉（2017）以改变机构持股比例的做法，从投资组合权重的角度研究机构投资者对盈余管理的治理效应。姚颐和刘志远（2009）以我国上市公司再融资中流通股东的分类表决权为背景，对机构投资者的监督能力进行分析，结果发现基金与再融资否决结果显著正相关，券商与再融资否决结果不相关。唐跃军和宋渊洋（2010）证实了基金比其他机构投资者具有价值创造力。高敬忠等（2011）研究发现银行、财务公司和基金对盈余预告选择的积极治理作用比养老基金和保险更强。杨等（Yang et al.，2014）根据布希（Bushee，2001）的分类标准，将中国的共同基金分为三类，结果发现拟指数型共同基金占比 58.58%、专注型共同基金占比 3.38%、短暂型共同基金占比 31.27%，所有类型的共同基金偏好国有控股的上市公司。周绍妮等（2017）根据机构投资者半年度的组合换手率把机构投资者划分为稳定型和交易型，研究对国有企业并购绩效的影响，结果发现，交易型机构投资者持股与国企并购绩效显著正相关，稳定型机构投资者没有影响。李越冬和严青（2017）在研究机构持股对内部控制缺陷影响时，分别考虑了机构持股比例的大小、独立和非独立及长期和短期分类。

第二节　自愿性信息披露

2001 年 1 月美国财务会计准则委员会（FASB）在《改进财务报告：提

高自愿性信息披露》报告中这样定义自愿性信息披露：上市公司主动披露的，而非公认会计准则和证券监管部门明确要求的基本财务信息之外的信息。上市公司自愿进行披露信息的目的是向投资者介绍及解释公司的发展潜力，促进资本市场的流动性，使资本配置更有效率，降低资本成本，在完善信息披露市场监督规则的同时更有效地与投资者进行沟通。

与外部投资者相比，管理层对公司的价值和未来的盈利能力拥有更多的信息。基于投资者对公司价值最大化的认知，管理层有激励策略性的、选择性的披露（Aboody and Kasznik，2000；Core，2001；Kanodia，2006；Bertomeu et al.，2010）。下面分别从自愿性信息披露的动机、自愿性信息披露的度量及自愿性信息披露的经济后果三个方面展开文献叙述。

一、自愿性信息披露的动机

从资本市场角度考察资本市场交易、管理层股票薪酬和职业关心、诉讼、专有成本、对分析师的预期或对复杂财务报告的指引等五个方面对管理层披露决策的影响。

（一）资本市场交易假说

管理层可以利用可靠的自愿性信息披露降低信息不对称，减少外部融资成本，但也会利用自愿性信息披露获得内部交易机会。陈和罗（Chen and Lo，2006）假设企业内部策略性的选择披露政策及内部权益交易的择时性都以交易利润最大化为目的，且服从诉讼成本前提下，利用前一季度的内部交易量为工具变量解决内部交易和盈余预测信息披露的逆向因果关系，结果发现内部交易的购买与坏消息的频率正相关，CEO 的内部交易量与管理预测频率相关性较强，内部交易的卖出与好消息的披露频率的相关性较弱。罗伊乔杜里和斯莱特（Roychowdhury and Sletten，2012）从盈余报告作为坏消息延迟发布信息源的角度，发现管理层没有发布自愿性信息披露时，在坏消息季度盈余信息含量更高，信息不对称更强，管理层净卖出股票。张喜英和张勇（Zhang and Zhang，2018）在世界范围内部分国家第一次实施内部交易法的背景下，研究了内部交易机会和信息供给的关系，发现较强法制制度的国家内部交易法的实施显著地减少了盈余平滑度，正相关内部交易法的严格程度、持续实施程度和惩罚程度，且主要集中在股权非封闭型公司和高增长公司，同时也揭露了内部交易的动机激励了管理层扭曲公司财务信息披露，损坏公司信息环境。库玛等（Kumar et al.，2017）利用理论模型研究了知情管理层自愿性信息披露决策与股票回购策略的关系，在局部披露均衡条件下，研究发现：低价值区不披露也不回购；在中间价值区披露不回购；在高价值区由于不披露而低估，实施回购，所以回购抽取了信息租金。

（二）股票薪酬和职业关心假说

股票为基础的薪酬计划能够激励管理层提供自愿性信息披露，获得高的收益；或者由于职业关心，对较差的公司业绩进行解释，主动提供自愿性信息披露或延迟披露。纳加尔等（Nagar et al.，2003）发现当 CEO 薪酬和财富对股票价格变化比较敏感时，管理盈余预测频率和公司披露质量及分析师随后对披露的评级是较高的，并认为权益为基础的激励不仅鼓励了好消息的披露，而且也鼓励了坏消息的披露。崔和金（Choi and Kim，2017）研究发现，权益为基础的薪酬提高了股票价格关于未来盈余的信息含量，然而可操纵应计项或较低的盈余指引阻碍了未来盈余信息含量提高。帕克和刘（Park and Yoo，2016）假设劳动力市场对 CEO 特别是较短任期的 CEO 的能力有不完全信息，较短任期的 CEO 有动机为了信号化他们的能力而建立适当的声誉。结果发现较短任期的 CEO 倾向于披露更多的管理预测和更准确的盈余预测。巴金斯基等（Baginski et al.，2018）发现管理层由于职业关心而延迟坏消息的披露，但事前遣散费赔偿合同的签订减少了高管的职业关心，成为减缓坏消息延迟披露的一个重要机制。杨（Yang，2012）研究了管理层建立个人预测风格的资本市场后果，采用 CEO 或 CFO 与公司匹配的面板数据，使用高管、公司、时间固定效应模型检验高管预测风格可信度问题，发现当信息不确定程度较高时，或高管有发出更多准确预测的历史时，股票价格对管理预测消息的反应是较强的，表明对于已经建立个人披露声誉的高管受到市场的偏好。

（三）诉讼成本假说

诉讼风险具有治理作用，能够潜在地促使管理层提供及时的披露。菲尔德等（Field et al.，2005）认为披露和存在的诉讼之间存在内生关系，较高诉讼风险的公司很可能优先披露坏消息（优先效应），然而优先披露坏消息较少可能的被诉讼（威慑效应），用联立方程组控制内生性问题，发现坏消息的披露具有威慑效应，支持了诉讼成本的论断。永利（Wynn，2008）以加拿大上市公司和加拿大公司在美国上市董事和高管购买责任保险条款的差异为背景，从管理层机会主义角度，研究法律责任范围与公司自愿披露的数量和质量之间关系，发现在美国上市的公司有较高的保险责任范围、较少的坏消息预测披露、较高的诉讼风险。股东诉讼是惩戒管理层的一个重要机制，股东诉讼与公司自愿性信息披露具有替代效应，特别是对较高诉讼风险、较高经营不确定性及机构持股比较分散的公司更加突出（Bourveau et al.，2018）。

（四）专有成本假说

管理层对投资者信息披露的决策受到信息披露给公司带来潜在损失的影响，如公司客户、行业竞争性等。埃利斯等（Ellis et al.，2012）在公司客户特别是大客户的披露产生竞争成本的假设条件下，研究发现有较高研发费用、较大的净商誉无形资产及较大的广告费用的公司更大可能地隐藏主要客户的识别；较大的公司及雇用有名气审计师的公司较少可能隐藏客户名称；另外，单个公司对主要客户信息隐藏的决策与竞争对手的披露决策行为高度相关。类似的研究有李等（Li et al.，2018）。阿里等（Ali et al.，2014）用行业集中度作为行业竞争性的代理变量，研究了行业集中度和公司信息披露的关系，发现行业集中度高的公司存在较少的盈余预测频率、较短的预测期限、较低的分析师对披露的评级及较高的分析师预测误差、预测离散度、预测修改的市场波动；从融资决策的角度发现行业集中度高的公司偏好非公开发售股票，避免融资信息较早地泄露给竞争对手，在低财务杠杆行业这个结论更强。弗兰克尔等（Frankel et al.，2018）用专利诉讼案中被告人请求封闭庭审记录作为专有成本代理变量，得到与专有成本限制披露相同的结论。

（五）指引性假说

管理层考虑到要满足或超过分析师预测的激励，他们可能频繁地发布坏消息，引导分析师下调对未来盈余预测；或者由于复杂的财务报表降低了公司信息环境，自愿性信息披露提供了必要的指引。朗（Lang，2018）从管理层披露和财务分析师预测的行为构造一个博弈模型，从理论上分析了管理层面对满足或超过分析师预测及高股票价格偏好的激励情况下，较少未来预期的管理层会选择更多坏消息的披露决策，指引分析师调低未来的盈余预测。瓜伊等（Guay et al.，2016）检验了管理层自愿性信息披露是否能够缓解复杂的财务报表对公司信息环境的负面影响，结果发现财务报表的复杂度与自愿性信息披露存在稳健的正相关关系。当股票交易流动性减少或更多的外部监管时，正相关性较强；当公司较差的业绩或较大的盈余管理时，正相关性较弱。在拟自然实验的情况下，用 DID 获得一致的结论，说明管理层用自愿性信息披露减缓了复杂财务报表的负面影响。戴尔等（Dyer et al.，2016）在肯定瓜伊等（Guay et al.，2016）的结果和贡献的同时，提出了因果关系推断的两个主要挑战：年报长度、复杂性和自愿性披露呈现出一致上升趋势；公司经济环境变化、驱动 10-k 文本特征的变化及自愿性信息披露的变化的遗漏变量问题。

二、自愿性信息披露的度量

从近期有关自愿性信息披露的文献上看，自愿性信息披露的度量主要体现在这几个方面：管理预测、现金流预测、美国投资管理与研究协会（AIMR）的评级排序、研究者自己构建的披露质量指数、自然语言处理技术、分部报告披露、电话会议等。

（1）管理预测是公司自愿性披露的一个重要形式，披露盈余预测信息的特征包括点预测、区间预测或定性预测等形式和时间范围。金等（King et al.，1990）发现点预测的形式与区间预测形式相比，更能抓住管理层对未来预测精确度的信心。休斯和佩伊（Hughes and Pae，2004）认为点预测与区间预测相比，反映了更大的管理确定性，容易被感知，另外，管理层提供季度或年度盈余预测时，也选择预测的时间范围。陈等（Chen et al.，2015）发现宣布停止发布盈余指引的公司，出现了三天负的市场收益，这个反应也关系到分析师下调盈余预期；然而，与安静的停止发布盈余指引的公司相比，不是更糟。休斯敦等（Houston et al.，2010）发现糟糕经营业绩的公司，特别是盈余减少、缺乏分析师预测、较低预期的盈利能力，是公司停止季度盈余预测指引的原因。另外，该研究也发现一些原因证实管理层停止指引：管理策略的变化、行业同伙低频率的指引发布及预测的困难增加。停止发布指引后，分析师报道减少、预测精度和准确性减少，进一步说明公司信息环境恶化。

（2）现金流的预测。瓦斯利和吴（Wasley and Wu，2006）发现管理层发布现金流的预测作为好消息的信号，满足投资者现金流信息的需要；另外，管理层预披露一定量的盈余成分：现金流和应计项，从而减少了应计项为基础盈余管理的自由裁决量，增加好消息的可信度。

（3）布朗和希尔盖斯特（Brown and Hillegeist，2007）使用美国投资管理与研究协会（AIMR）的评级排序作为自愿披露度量。但由于分析师只选择大公司进行评级，存在选择偏误的关心，及混合了强制性披露和自愿性披露的缺陷，实证研究很少使用这个指标。夏普里（Shaley，2009）自己构建一个衡量披露质量的指标，但由于研究者的主观性及使用背景的限制很难一般化。自然语言处理技术方面，李（Li，2010）使用贝叶斯机器学习方法检验了公司的前瞻性信息的语气和内容，发现目前较好的公司绩效、较低的应计项、较小规模、较小权益市值与账面价值比、较少收益波动的公司在他们管理层讨论和分析中（MD&A）倾向于更多正面的前瞻性陈述，这个发现一致于诉讼风险假说；另外，管理层讨论和分析中前瞻性陈述语气正相关于未来的盈余和流动性。波扎尼等（Bozanic et al.，2018）用文本分析法把前瞻性信息分为盈余相关、不相关预测及量化、非量化预测，然后把盈余相关及量化预测归类为可能的预测，其他为另一类，结果发现二者都能产生显著的分析师和投资者响应，但投资者不确定性增加时，其他类型的前瞻性预测信息更加频繁，盈余相关的预测比数量预测对不确定性更加敏感，说明不确定增加时管理层更加注重前瞻性信息的内容而不是形式。伯克斯等（Burks et al.，2018）在美国 1994 年放松银行管制背景下，用银行的新闻发布会作为自愿性披露，检验与银行间竞争的关系，发现新闻发布会的增加与竞争的增加是正相关的，并且新闻发布会的消极语气成为阻止进入的一个渠道。皮奥特洛斯基（Piotroski，1999）检验了增加分部报告披露的公司，发现增加的披露相关于分析师预测精度的增加及预测离散程度的下降。说明分部报告的自愿性披露提供的信息也是可信的。布朗等（Brown et al.，2004）假设电话会议作为自愿性披露机制，发现电话会议活动负相关于知情交易概率（PIN）测度的股价信息不对称程度，导致长期的信息不对称的减少。金布罗（Kimbrough，2005）检验了电话会议对分析师及资本市场参与者对盈余惊讶反应不足的影响，发现电话会议对目前盈余报告的总量信息增加的证据是混杂的，电话会议导致了更多分析师及投资者对未来预期的反应。但分析师与经理在盈余电话会议交谈过程中，分析师的语气对日内股票价格的影响是显著的（Chen et al.，2018）。

三、自愿性信息披露的经济后果

自愿性信息披露对资本市场效率影响主要体现为流动性、资本成本、分析师跟踪。理论上，自愿性信息披露减少知情投资者和非知情投资者的信息不对称程度，对于较高披露水平的公司，股票价格相对公允，降低了信息风险，增加了流动性，降低了资本成本。另外，自愿性信息披露降低了分析师信息获取成本，进一步增加了他们的信息生产。

洛茨和韦雷基亚（Leuz and Verrecchia，2000）检验了在不同披露要求的交易所上市公司的买卖价差，发现在较高披露要求的交易所上市的公司，买卖价差要低。什罗夫等（Shroff et al.，2013）在 2005 年美国证券交易委员会颁布证券发行规则改革、放松了提前准备限制的背景下，用 DID 的设计，研究权益发行前改革对自愿性信息披露行为的影响及经济后果，发现在改革后，提供更多自愿性披露，并且这些披露相关于信息不对称的减少，及融资成本的下降。巴拉克里什南等（Balakrishnan et al.，2014）利用经纪商的关闭对公开信息供给的外生性冲击为背景，用 DID 方法，发现公司提供了更多及时的盈余指引，然后用工具变量法，发现自愿性信息披露增加了流动性，流动性的提高也增加了公司的价值，暗示了自愿性信息披露减少了资本成本。布兰科等（Blanco et al.，2015）研究了分部披露对资本成本的影响，发现分部披露是资产定价模型的一个风险因子，减少了分析师预测误差，减少了公司收益率和行业其他公司收益率的协方差，减少了隐含资本成本，但行业竞争性减缓了这些相关性。左罗（Zuo，2016）研究了股价私有信息含量对管理层盈余预测修订的反馈效应，发现预测修订对同时期股票收益的敏感性随着投资者私有信息含量增加而增加；把共同基金的赎回对股价冲击作为外生性变化时，投资流减弱了二者的关系，说明投资流引起价格变化时管理层从市场收集较少有用的信息。另外，投资者私有信息有助于管理层提高预测准确度。

四、国内自愿性信息披露的相关文献

深圳证券交易所在 2002 年 12 月《上市公司自愿性信息披露研究报告》中首次正式提出自愿性信息披露。该报告指出，自愿性信息披露是除强制性披露的信息之外，上市公司基于公司形象、投资者关系、回避诉讼风险等动机主动披露的信息。2015 年，中国证监会公布的证券法修订草案进一步明确了上市公司财务信息披露的重要性，也多次提出建立多层次资本市场信息披露规则体系，以规范上市公司信息披露，防止在信息披露方面出现不及时、不准确或不规范的现象。

国内对自愿性披露度量的研究主要体现在：深交所上市公司信息披露考核结果、自己构建指数、管理层盈余预测、高管薪酬、前瞻信息、客户关系、管理层讨论和分析、文本挖掘技术等几个方面。

方军雄（2006）采用深交所信息披露考核作为信息披露透明度指标，研究分析师的预测准确度，发现信息透明度越高，分析师对会计盈余数据的依赖程度越低，预测准确性提高。

程新生等（2008）比照《公开发行证券的公司信息披露内容与格式准则第 2 号》，设计出自愿性信息披露评分表，采用专家打分的方法获得自愿性信息披露指数，研究了董事会结构对自愿性信息披露的影响，结果发现董事会规模、稳定性、财会专业背景独董比例、金额最高的前 3 名高管薪酬产生正面影响，股权集中度产生负面影响。类似的研究还有李慧云等（2013，2016）、于团叶等（2013）、李凤莲和游达明（2014）。龚光明和李沁源（2014）发现自愿性披露指数和财务绩效均与累积的非正常收益度量的市场反应正相关，且二者具有替代效应。程新生等（2011）利用南开治理研究中心的中国公司信息披露具体项目评价分值为基础设计指标，研究公司价值对自愿性信息披露的影响，发现公司价值与自愿信息披露显著负相关，市场化进程缓解了这个关系。韩鹏和岳园园（2016）根据年报中创新行为信息定性指标构建企业创新行为信息披露指数，研究发现创新行为自愿性披露能有效地提高企业价值，但在提升外部融资能力与降低代理成本方面并不显著。

万鹏和曲晓辉（2012）利用年报中管理层讨论和分析中公司营收计划的自愿性披露，研究董事长个人特征和代理成本对公司自愿性披露的影响，发现董事长年龄越大、董事长为女性及代理成本越小的公司，自愿性披露的可能性越大；另外，公司规模、两职合一及交叉上市也有显著影响。高敬忠等（2013）利用公司季度管理层业绩预告的精确度、准确度、及时性、稳健性研究控股股东行为，发现控股股东利益防御动机和利益趋同动机同时存在。曹魏（2015）利用类似的盈余预测度量方法，研究了盈余预测信息与审计费用之间的关系，证实了审计对盈余预测信息向市场发送信号的甄别作用及真实性确认的作用。刘慧芬和王华（2015）在专有成本的理论框架下，研究竞争环境能否提高业绩预告质量，发现竞争程度越强，管理层业绩预告精度与准确性越高，经济政策的不确定性对两者的关系起到了弱化作用。鲁桂华等（2017）采用强制性业绩预告和自愿性业绩预告检验大股东的交易动机，发现大股东减持前，上市公司自愿性积极业绩预告的概率更高，具有显著的超额收益。

在上市公司年报中只要求披露每名高管薪酬金额，对固定薪酬与可变薪酬的占比、可变薪酬的绩效标准和选择依据等信息，未做强制性披露要求，很难判断高管薪酬的激励动机。在职消费属于上市公司自愿性信息披露，主要通过年报附注"支付的其他与经营活动有关的现金"的明细账目中高管在职消费项目度量，体现了企业的代理成本①。黄再胜（2013）从高管薪酬货币性信息，及在职消费信息研究了高管薪酬自愿性披露动机，利用实际薪酬与预测薪酬的差值确定高管的货币性私有收益，研究发现企业高管获取的货币性私有收益越高，管理层自愿披露更多，主要体现在相关性不高的高管货币性薪酬信息，在职消费信息的程度就越低，在国有控股企业中更突出。罗炜和朱春燕（2010）认为"支付的其他与经营活动有关的现金"附注信息中包含了广告费、研发费等有利于股东和潜在投资者对公司未来价值进行评估，反映管理层努力程度；还包含了办公费、差旅费、业务招待费等反映了管理层在职消费项目，可以用来评价管理层绩效；另外，这些项目合计金额占经营净现金流比例较大，比较重要。研究发现，股东与管理层之间代理成本越高，自愿披露经营活动相关现金支出的可能越小，披露的项目也越小，且披露金额占总支出的比例也越小。

汪炜和袁东任（2014）以上市公司自愿性信息披露的前瞻性信息②为研究对象，分析了盈余质量对自愿信息披露的影响，结果发现盈余质量可通过降低代理成本提高自愿性披露水平，且提高了公司价值。王雄元和喻长秋（2014）研究了专有成本对公司客户信息披露决策的影响，发现行业集中度越高，专有成本越高，客户信息自愿性披露水平越低。胡静波等（2011）简单地讨论和分析了上市公司管理层讨论和分析信息披露的有效性。李慧云等（2017）根据上市公司背景信息、预测信息、社会责任信息及管理层讨论与分析信息4个一级指标和28个明细采用JAVA语言文本挖掘技术定位识别，模糊匹配技术进行评判，获得自愿性披露指标体系，有助于提高上市公司公开报表使用者对自愿性信息披露质量判断的工作效率。

---

① 衡量企业高管在职消费信息披露程度的八类费用项目是：办公费、差旅费、业务招待费用、通信费、出国培训费、董事会费、小车费和会议费。
② 前瞻性信息集中于公司年报中"董事会报告"一章，位于"对公司未来发展展望"或"报告期内投资情况"之间。

第三节　机构投资者与自愿性信息披露

　　机构投资者，例如，共同基金、保险基金、养老基金等外部投资者经常称为大股东，是上市公司所有权结构中一个重要组成部分，特别是长期投资者是公司的理想投资基数。美国投资关系协会和斯坦福大学公司治理研究中心发现在高管层面91%公司讨论股东成分、在董事会层面达到75%；CEO每季度平均花费4.2天管理股东基数，CFO达6.2天。80%的公司认为如果他们能够吸引2~3年期的长期投资者，他们的股票价格将上升15%，波动率下降20%（Beyer et al.，2014）。由于专业化的管理团队和超强的分析能力，也称为精明的投资者。机构投资者有最大化投资组合收益的经济激励或社会目标，所以从他们的投资决策中获得更多的收益，最大限度地降低信息收集成本。理论分析证实机构投资者鼓励管理层披露更多的私有信息，增加流动性，减少资本成本，从而减少信息不对称程度（Diamond and Verrecchia，1991）。兰伯特等（Lambert et al.，2012）从理论上证明了资本市场的竞争程度在信息不对称和公司资本成本之间扮演着重要的角色，在完全竞争市场，无论不同的投资者知道信息的多少，公司的资本成本仅仅受到投资者平均信息准确度的影响（信息的质量），而在不完全竞争市场，还受到信息不对称的影响。实证研究方面，例如，阿金亚等（Ajinkya et al.，2005）认为机构投资者渴望、需要更多的自愿性信息披露，像盈余预测信息更容易被市场观测到，进一步认为外部机构投资者不可能直接监管管理层的行为，但通过对公司信息更多的需求，能够引起更大的信息透明度。布恩和怀特（Boone and White，2015）利用罗素1000/2000切点附近机构投资所有权的变化为背景，用断点回归方法（RD），研究发现拟指数所有权增加导致了管理层更多的公开信息发布、分析师更多的信息生产，以及较低的信息不对称和较高的流动性，所以拟指数投资者积极地影响了公司的信息透明度和信息生产，降低了交易成本，增强了对公司的监管。伯德和卡罗利（Bird and Karolyi，2016）使用类似的方法也证实了罗素指数的重构带来了机构所有权的冲击，增加了披露的数量、形式和质量，说明机构投资者的需要增加了公司的披露。舍恩菲尔德（Schoenfeld，2017）利用标准普尔 500 指数重构为研究背景，利用 DID 和递归方程的估计方法，研究了加入指数的公司指数基金持股比例对自愿性披露的影响，发现自愿性披露随着持股比例的增加而增加，披露的增加也增加了流动性，但当管理层权力较大时这个关系减弱。

公司治理文献表明机构投资者扮演积极的角色监督和控制公司，有利于公司减少代理成本和信息不对称。唐纳利和马尔卡希（Donnelly and Mulcahy，2008）认为大的机构投资者有较大的投票权，允许公司从事纠正措施，期望公司满足他们期望的信息需要。菲希等（Fich et al.，2015）从机构投资者组合权重角度与并购的背景，研究了机构对较高组合权重的并购目标公司的监管动机，发现目标公司组合权重越高、越高的并购完成率、越高的溢价、收购者较低的回报，说明机构的监管产生有利影响，增加了被收购目标公司的收益。阿佩尔等（Appel et al.，2016）研究了被动管理的共同基金对公司治理的影响，尽管被动机构投资者不像主动型投资者依靠增加买进或卖出目标公司股票来影响管理决策，但研究发现被动型共同基金持有的公司有更多的独立董事、较少收购防御、更多同等的投票权、更多地支持股东提议较少地支持管理层提议，且表现了长期业绩的增加，说明被动型基金通过投票实施话语权对管理层发挥影响，参与公司的治理活动。但对于高成本监管活动，例如，收购的监管、董事会成员的选择、高管权力的累积，被动机构投资者发挥监管的影响就很弱（Schmidt and Fahlenbrach，2017）。积极投资者投资策略与被动投资者不同，他们利用外部投资者间的信息不对称，以错误定价的公司为目标，采用 Alpha 策略或套利策略，使用逆向选择短期获得高额回报。积极的机构投资者也损害了管理层的利益，积极的机构投资者相关于较低的 CEO 薪酬，增加 CEO 的更替，减少了对公司的控制，且增加了董事的更替（Edmans and Holderness，2016）。波文和舍恩菲尔德（Bourvean and Schoenfeld，2017）以行业同伙对一个公司积极机构投资（对冲基金、投资咨询公司、公共养老基金）增加的感知为背景，采用简化形式的模型，设计 DID 识别暴露于积极投资风险的公司的披露行为，发现管理层更多地发布盈余和销售收入预测，超出一般的市场期望，暗示管理层用自愿性信息披露抢先取代积极的机构投资者，防御他们的攻击。

披露理论认为自愿性信息减少内部人和外部投资者之间的信息不对称，增加流动性，减少资本成本，防御积极机构投资者的攻击。但也有文献发现季度盈余指引吸引了以短期业绩为目标的短期投资者，激励了管理层的短视行为。例如，机构投资经理由于职业的关心和较大的基金透明度迫使他们关注短期盈利，从而导致公司的短视。阿加瓦尔等（Agarwal et al.，2018）利用2004年增加共同基金经理组合选择披露频率为背景，利用DID的设计，检验共同基金增加透明度是否激励了公司的短期投资行为，研究发现基金披露规则的冲击导致了公司创新下降。另外，共同基金的交易行为证实了共同基金经理增加短期关注驱动了标的公司管理层的短视。克拉夫特等（Kraft et al.，2018）也发现季度财务报告披露的增加导致了公司投资下降。金等（Kim et al.，2017）研究了公平披露规则①后停止季度盈余指引对投资者短视行为的影响，发现与继续发布季度盈余指引的公司相比，停止季度盈余指引的公司包括了更大比例的长期投资者，减少了短期投资者，投资者更多注重长期盈余的定价，对分析师长期盈余预测的敏感性更大，公司较少可能因为缺少季度盈余目标而解雇CEO。

国内关于机构投资者对自愿性信息披露影响的研究还很少。高敬忠等（2011）以盈余预告的自愿性披露为例，研究了机构投资者对信息披露的治理作用，发现机构持股比例增加了盈余预告精度与及时性，银行、财务公司、共同基金对管理层盈余预告的治理作用较强，而养老基金、保险相对较弱。谭劲松和林雨晨（2016）理论上证明了机构投资者能积极影响公司信息披露水平，机构投资者对信息披露存在治理效应，实证上以深交所信息披露考评为信息披露的代理变量，从机构调研的角度研究机构投资者对信息披露的治理效应，发现机构投资者的调研次数，特别是实地调研次数能促进公司的信息披露。牛建波等（2011）以财务报表附注"支付的其他与经营活动有关的

---

① 美国证券交易委员会在2000年8月发布的公平披露规则，该规则强制所有上市公司必须对所有的投资者同时披露实质性信息（material information），防止对不同的投资者选择性的披露，通过提供更多、更及时、更透明的信息实现公司和投资者之间的良好沟通。但在规则发布后，前美国证交会主席哈维·皮特仍然认为"公司应该允许投资者访问公司总部、工厂且询问公司的运营情况"。

现金"总额作为自愿性信息披露的代理变量，研究了稳定型、交易型机构投资者及不同股权特征下，对自愿性信息披露的影响，发现稳定型机构投资者能显著提升自愿性信息披露程度，且股权集中时影响更大。

第四节　股票流动性的真实影响

股票的流动性关系到资本市场效率，对公司真实经济活动的影响是金融研究的一个重要主题。现有的文献主要包括股票流动性对公司违约风险、盈余管理、公司投资、公司创新活动、公司股利政策及公司多元化发展策略等公司真实经济活动的影响。

布罗加德等（Brogaard et al.，2017）利用 2001 年美国证券交易委员会十进制申报系统对市场流动性冲击识别股票流动性对公司违约风险的影响，发现股票流动性的提高通过股票价格信息有效性和大股东提高公司治理能力两个机制减少公司违约风险。盈余管理是上市公司管理层操纵财报利润的通常做法，手段包括选择与现金流不直接相关的会计方法操纵应计项或者择时投资等经营活动，例如，资本支出、研发支出、销售费用和管理费用等。李和夏（Li and Xia，2019）利用 2016 年美国证券交易委员会最小单位申报试点项目来识别流动性对盈余管理的影响，发现更多流动性的股票更可能满足分析师的预测，较少可能进行真实盈余管理，并主要通过长期机构投资者的减少持有、减少监管及卖空惩罚渠道产生影响。贝克尔－布利斯和保罗（Becker-Blease and Paul，2006）在标准普尔 500 指数重构背景下，采用进入指数产生外生性流动冲击检验股票流动性对公司投资机会的影响，发现股票流动性与公司资本支出是正相关的，表明流动性增强事件降低了资本成本有利于可行的增长机会的增加。创新对于提高公司和国家的竞争力是至关重要的，需要有形资产和无形资产的持续投入。方等（Fang et al.，2014）同样采用 2001 年美国证券交易委员会十进制申报系统对市场流动性冲击识别股票流动性对公司创新的影响，发现流动性增加通过增加暴露于敌意收购和短暂性机构投资者的不积极监督渠道阻碍了公司的创新活动。这也说明股票流动性减弱了机构投资者对公司管理决策的外部监督激励（Roosenboom et al.，2014）。

在中国制度背景下，如股权分置改革，温等（wen et al.，2018）发现股票流动性增加提高了专利授予数、研发支出及国有控股企业的创新效率，并发现长期的机构投资者的进入及国有控股企业私有化是两个主要影响渠道。顾等（Gu et al.，2018）发现股票流动性通过融资约束和公司治理渠道对公司多元化产生负面影响。因为高的流动性有助于公司外部融资，减少通过多元化拓宽内部融资；进一步，流动性促进市场监督，阻止管理层通过多元化的机会主义决策。姜等（Jiang et al.，2017）发现股票流动性正相关于红利支付，当信息环境模糊、控股股东和少数投资者之间代理冲突严重时，二者的正相关性更强。另外，也发现促进上市公司红利支付的法规对股票流动性具有替代效应。公司价值增值的投资关系到管理层的风险承担和经济的长期增长。徐等（Hsu et al.，2018）研究发现股票流动性是影响公司风险承担的一个重要因素，股票流动性的增加通过降低资本成本和增加管理层绩效薪酬敏感性影响公司风险承担。熊和苏（Xiong and Su，2014）也发现股票流动性通过减少代理成本和增加股价信息含量提高公司资本投资效率。

第五节　信息披露对公司资本投资的影响

在 MM 理论（Modigliani and Miller，1958）的完美世界中，投资政策完全取决于一个公司的投资机会。然而，在现实世界中存在如信息不对称和信息不确定等摩擦，可能会阻止公司进行最佳投资。在代理框架内，会计信息可以通过两种方式影响管理者和股东以及公司的其他利益相关者之间的信息不对称，从而影响投资决策。第一，财务报告通过影响逆向选择成本，减少管理者和投资者之间以及投资者之间的信息不对称，进而影响外部资本的筹集成本。第二，会计信息可以通过改变公司中不同利益相关者之间的代理冲突产生的道德风险成本来影响投资决策。在学习渠道中，管理者和股东可以通过两种方式了解有关其投资机会的新信息。首先，同行公司披露的会计信息有助于减少相关公司可获取的增长机会的不确定性，特别是当公司与披露的同行公司受到共同需求和供给条件影响时。其次，在存在信息获取和处理成本情况下，披露要求和财务报告规则可以促使公司收集和处理影响管理者信息集的额外信息，从而影响投资决策。

一、信息不对称引起的代理问题

（一）逆向选择渠道

财务报告有助于投资决策的一个主要机制是通过减少管理者和资本提供者之间信息不对称导致的逆向选择成本。例如，如果财务报告能够更好地描述现有资产或现有投资机会的价值，会计信息可以减少公司与股东、债权人等新投资者之间的逆向选择问题。在这种情况下，只要减少管理者和投资者之间的信息不对称，投资者将更乐于提供资本，使财务约束的公司能够获得新的投资机会（Myers and Majluf，1984）。会计信息还可以减轻投资者间的逆向选择，从而提高证券价格的流动性（Verrecchia，2001）。在一定程度上，管理者和投资者，以及投资者之间的信息不对称是不可分割的，那么它也会影响投资者的预期回报率，进一步影响资本的可获得性。这意味着，财务报告透明度通过减少信息不对称改善了企业获得外部资本的机会，并允许财务约束的企业通过利用新的投资机会提高投资效率。

比德尔和希拉里（Biddle and Hilary，2006）证明了会计信息与投资效率之间的正相关性。他们将研究结果解释为财务报告质量通过减少逆向选择和道德风险成本来提高投资效率。比德尔等（Biddle et al.，2009）扩展了比德尔和希拉里（Biddle and Hilary，2006）的研究结果，表明存在财务约束的公司中会计质量与投资水平之间的关系为正，而现金充裕的公司中为负。由于存在逆向选择，财务约束的公司更有可能投资不足。由于道德风险，现金充裕的公司更容易过度投资，他们的结果表明，较高的财务报告质量降低了与投资不足和过度相关的逆向选择和道德风险成本。陈等（Chen et al.，2011）研究了非上市公司财务报告质量是否提高了投资效率。非上市公司的管理者和股东之间的道德风险冲突相对于上市公司而言并不那么尖锐，因为此类企业通常由所有者管理。此外，由于私营企业依赖银行融资，陈等（Chen et al.，2011）认为，管理者和资本提供者之间存在信息不对称不会那么明显。尽管如此，该研究同样发现非上市公司财务报告质量和投资效率之间存在正相关性的证据，横截面分析发现银行贷款对收益信息的需求是重要驱动因素。巴拉克里什南等（Balakrishnan et al.，2016）调查了2007～2008年金融危机期间资本供应大幅减少的背景下财务报告对投资的影响。该研究发现危机前采用较为保守会计政策的公司在危机期间的投资下降幅度较小。当公司更依赖外部融资以及与资本供应者之间的信息不对称程度更高时，这个效应越强。

（二）道德风险渠道

当管理者从与股东利益不一致的行为中获得收益时，就会产生道德风险（Jense and Meckling，1976）。在管理者与股东冲突的情况下道德风险成本是最常见的研究对象，在概念上也可能涉及其他利益相关，如债权人、监管机构和消费者等。现有实证研究关于财务报告通过道德风险对投资的影响主要集中在两种形式的代理冲突：商业帝国建设和管理者短视。道德风险的一个众所周知的表现是管理者过度投资的动机，通常被称为"帝国建设"。当管理者通过收购或其他扩张项目扩大公司规模，以获得更多权力、更高的薪酬和更大的额外利益时，就会出现"帝国建设"。在这种情况下，詹森（Jensen，1993）假设拥有可用自由现金流公司的管理者更有可能进行增加公司规模的投资项目，即使从股东的角度来看这些投资的净现值为负。道德风险的另一种表现形式涉及管理者的努力厌恶，或管理者对"安静生活"的偏好。伯特兰和穆莱纳坦（Bertrand and Mullainathan，2003）发现受到收购威胁保护的管理者不太可能清算旧工厂并投资新工厂，从而导致公司生产率和盈利能力下降，他们将这一证据解释为管理者避免采取增加公司价值但需要努力的行动。另一种形式的道德风险源于管理者的风险厌恶。相对于外部股东，管理者过度暴露于他们所雇佣的公司的特殊风险，他们的多元化程度较低，这可能导致管理层对风险的偏好低于股东的最佳偏好。例如，管理者可能会放弃他们认为对个人福利风险太大的正净现值项目（Gormle and Matsa，

2016）。道德风险情景说明了管理者的特定激励可能会导致他们以不符合股东偏好的方式进行投资。通过增加透明度，财务报告可以更好地促进监督管理者的投资决策，例如，通过依赖会计信息的契约来激励经理进行更有效的投资。因此，在这些情况下财务报告可以减轻道德风险、为提高投资效率发挥积极作用。

布什曼等（Bushman et al.，2011）发现，及时确认损失具有对投资的积极调节作用。当投资机会减少时，及时确认损失会影响投资对增长机会的敏感性，而当投资机会增加时则不会。也就是说，在投资机会增加的时期，保守主义不会影响管理者的投资决策，但当投资机会减少时，它会激励管理者清算表现不佳的项目。该研究的证据表明，及时确认损失会阻碍管理者建立商业帝国。布什曼等（Bushman et al.，2011）的研究结论可能不仅反映了及时确认损失能抑制商业帝国建设的能力，还反映了管理者的努力厌恶。因此，及时识别可能会迫使原本可能倾向于平静生活的管理者主动终止亏损项目，而不是被动地允许其继续。

关于道德风险的另一个担忧是了解管理者对财务报告选择的控制和自由裁量权程度。如果管理者在确定其损失的时间时行使酌量裁决权（Roychowdhu and Martin，2013），那么他们必须提出一个可信的承诺机制及时确认损失，以便股东相信这种报告选择可以遏制道德风险问题。或者如果报告决定由董事会或股东控制，则他们必须能够要求管理人员提供更高质量的报告，即及时的损失确认。对会计信息、治理和契约之间的关系有了广泛的研究（Armstrong et al.，2010），然而，对治理、债权人监督、审计等中间渠道在产生更有效投资方面的相对重要性有待研究。

管理者短视是指管理者专注于通过可能对长期价值有害的行动实现短期目标。瓦特和齐默尔曼（Watt and Zimmerman，1986）指出财务报表在评估公司财务状况、预测未来现金流、评估管理层绩效和设定薪酬合同时为管理者提供了操纵报告数据的激励，必要时还可通过管理者的投资决策，这可能导致财务报告与短视之间的直接联系。财务报告和短视之间的联系也可能源于基于股票价格的激励。再则，与股东相比管理者任期较短，当其行为的未来后果暴露时，他们对长期清算的可能性不太敏感。兰伯特（Lambert，

2001）认为短视问题加剧了，因为除了与股东相比任期较短之外，管理者在投资回报的跨期模式方面还享有信息优势。因此，管理者有能力操纵用于判断管理者投资决策的任何长期绩效指标，并避免因较短任期而误导股东的事后清算成本。总之，相关研究关注管理者如何使用投资决策满足或超过基准收益，或者更广泛地说实现预期的财务报告目标。

本斯等（Bens et al.，2002）发现以员工股票期权行使为特征的公司年度报告呈现异常少的研发和资本支出，以及异常高的股票回购。他们将这种情况解释为管理者担心股票期权的实施造成每股收益（EPS）稀释，从而将资源从增值投资转向股票回购以提高每股收益。罗伊乔杜里（Roychowdhury，2006）发现公司通过减少研发支出试图避免报告损失，该研究进一步指出，管理者为实现其报告目标而采取的行动范围超出了研发削减，还表现出积极尝试减少期间费用、加速销售和过度生产的迹象。迪伦克等（Dierynck et al.，2012）研究了财务报告目标导致的潜在短视行为，他们发现试图避免亏损的公司的管理者更愿意解雇员工以降低劳动力成本，即使这种解雇可能会损害公司在劳动力市场的声誉。

股东特征和管理层任期也是影响管理层短视的两个重要因素。关于股东特征，主要集中于股东监督管理者及其投资期限。聪明的投资者更有可能发现管理层的短视，并预料其负面后果。藏（Zang，2012）发现，在金融机构等聪明投资者存在情况下，真实盈余管理水平较低。在道德风险背景下认为管理者为私人收益进行真实盈余管理的能力较低，因为聪明的机构投资者有能力发现此类行为并揭示其对收益的影响。阿加瓦尔等（Agarwal et al.，2018）分析了强制共同基金经理发布"更频繁、更可靠"信息的监督规则的影响，发现该规则实施后共同基金的投资公司通过减少创新活动表现出短视行为。该研究将这些证据解释为更加频繁和透明的披露增加了共同基金报告持续增长的短期业绩的压力，并将其传递给其被投资公司，迫使被投资公司放弃只在长期产生收益的风险投资。埃德蒙斯等（Edmans et al.，2016）研究了当管理者的薪酬具有更多的短期影响因素时，他们是否有更大的动机表现得短视。研究发现管理者持有股权的公司投资增长率下降，尤其是研发和资本支出的增长率。当公司发行新股权时，股东和管理层短视也是相关的。

在季节性股票发行时，管理者和现有股东都有激励来最大化股价，这将增加公司可用的资源。此外，股票发行还为管理者和现有股东提供了至少部分清算其股票的机会。总的来说，这些因素为发行股票公司的短视行为提供了更大的动力（Cohen and Zarowin，2010；Kothari et al.，2016）

尽管关于由财务报告目标驱动的短视投资决策的文献几乎独立于投资效率文献，但它们通过会计对投资的影响这一共同线索联系在一起。关于财务报告和短视的文献得出了两个重要的见解。首先，报告目标可能会促使管理者改变不仅是研发支出等长期投资决策，还有存货生产等短期投资决策。其次，尽管企业短视的主要形式涉及投资不足，如研发减少；但短视也可以表现为过度投资，如存货生产过剩或过度投资以证明积极的报告选择。总体而言，这一系列文献表明，适当的公司治理和引导管理者激励措施以增加长期价值，需要对财务报告在投资决策中的复杂作用有更细致的理解（Roy-chowdhury et al.，2020）。

（三）其他代理问题

虽然大多数研究主要关注管理者与股东之间的冲突，但也有少数研究集中于其他代理冲突，特别是：股东和债权人之间的冲突，公司内部各部门产生的冲突，管理者与更广泛的利益相关者群体（如监管机构和消费者）之间的冲突。

一些研究调查了财务报告是否能够通过稳健性等财务报告属性来调节资产替代性激励，从而影响股东和债权人冲突。克拉维（Kravet，2014）检验了债权人对会计稳健性的要求是否导致管理者对风险项目投资不足。由于一些净现值为正值的项目可能会产生不良结果，及时确认损失会加速利润的减少，如果这些项目触发违约的可能性更高，管理者可能倾向于放弃高风险项目。为了支持该假设，克拉维（Kravet，2014）发现更及时地确认损失的公司不太可能进行风险收购，而且该结果是由基于会计绩效的债务契约的公司推动。与减少股东与债权人之间的冲突相反，在某些情况下，当管理者做出投资决策以达到或超过债权人设定的某些阈值时，财务报告可能会加剧这些冲突。弗朗茨等（Franz et al.，2014）发现，有更多证据表明更接近违反债务契约的公司存在真实盈余管理。此外，当这些公司的信用评级较低时，这些公司的真实盈余管理的证据更强。该研究将这些结果解释为管理者为股东利益行事的证据，以实现报告结果，避免将控制权转移给债权人。

除了股东与债权人冲突外，一些研究还考察了财务报告对多部门公司投资的影响。例如，斯坦（Stein，2003）讨论了关于多部门公司内部产生的代理激励问题，并指出当 CEO 在监督激励不一致的部门经理而面临道德风险成本时，可能会出现冲突。道德风险的存在可能导致跨部门的资本配置效率低下，会计信息在缓解此类冲突方面发挥作用似乎是很重要的。

最后，一系列研究考虑了公司与公司投资者以外的更广泛的利益相关者群体之间的代理冲突。近年来，世界各地的决策者要求公司在其财务报表中披露有关社会问题的非财务信息，如员工安全、腐败、环境问题等。此类披露的独特之处在于，它们通常与投资者保护目标没有直接关系，而投资者保护目标是披露监管的主要目标。克里斯滕森等（Christensen et al.，2017）表明要求采矿企业在其 10-K 文件中披露有关其矿山安全绩效的信息可以激励矿主增加对矿山安全的投资。发现支付较低的税收或对员工的投资不足会引起利益相关者的反弹，这表现为对公司产品的需求减少，愿意为公司工作的员工人数减少，愿意向公司销售的供应商减少。

二、信息不确定性引起的学习问题

当公司利益相关者信息对称且不存在代理冲突时，财务会计披露是否以及为什么会影响投资呢？莫迪利阿尼和米勒（Modigliani and Miller，1958）的研究表明，在无摩擦的世界中，只要管理者和投资者不完全了解所有当前和未来的投资机会，财务会计披露也会影响投资决策。投资回报取决于宏观、行业和公司层面的因素，具有不确定性。如果公司或其同行进行的会计披露改变了投资回报的不确定性，则此类披露可能会影响公司的投资决策。

（一）从同行披露中学习

同群内的公司（如行业、地理区域、供应链等）受到与需求、供应、劳动力可得性和投入成本等相关的类似经济条件的影响。如果同行公司通过披露将这些经济状况告知其他公司的管理者，那么同行公司披露可以帮助管理者做出更明智的投资决策。例如，要求公司在季度财务报告中披露有关其销售收入、销售成本、存货等信息，这些信息对于预测未来需求和成本很有价值（Lundholm and Sloan，2013；Curtis et al.，2014）。类似地，公司自愿披露未来收入、销售额和资本支出的估计，这可以帮助同行公司的管理者对总需求和供应状况做出更精确的估计（Bonsall et al.，2013）。此类同行公司披露可以通过向管理者告知新的投资机会和减少投资项目未来现金流的不确定性，改善管理者的投资决策。不确定性的减少降低了投资调整成本，例如，筹集额外资本所需的时间、雇佣或培训新员工、建设或安装新的生产线等。此外，不确定性的减少降低了在未来日期等待投资的期权价值相关的调整成本。通过降低调整成本，同行公司披露使管理者能够更快地对投资机会作出反应，并做出更好的投资决策（Bloom et al.，2007）。杜尔涅夫和曼盖尼（Durnev and Mangen，2020）探讨了管理层讨论与分析（MD&A）中的披露是否对投资和投资效率产生溢出效应，以及溢出效应是否随竞争而变化。关注 MD&A 披露的语调，并证明公司投资与其竞争对手 MD&A 信息披露语调之间的关联是积极的。此外，该相关性由竞争调节，当企业在进入成本较低、规模较大、可替代产品较少的行业中运营时，竞争力更强。在投资效率方面得到了类似的结果。赵和穆斯卢（Cho and Muslu，2020）研究了公司的投资是否受到同行公司 10-K 文件中 MD&A 叙述语气变化的影响，发现当同行公司的 MD&A 叙述变得更加乐观（悲观）时，公司下一年资本投资和库存增加（减少），这一发现是由向证券监管机构提交 10-K 文件后七天内查阅同行公司 10-K 文件的公司驱动的。此外，公司的投资响应会根据同行公司 MD&A 叙述中的内容不同而变化。例如，当同行公司对其行业投资相关（竞争相关）叙述更加乐观时，公司会进行更多（更少）资本投资。他们的调查结果为 MD&A 披露的信息内容和专有成本提供了广泛的见解。徐（Seo，2021）考察了公司披露决策中的同群效应，发现行业同群的披露会导致公司披露，当公司的战略不确定性较高时，披露中的同群效应更为明显，这表明同群公司披露减少了公司与其行业同群互动产生的外部不确定性，从而提高了管理者私人信息的准确性。还发现当一家公司对外部融资的依赖性更大时同群效应更强，表明同行公司披露增加了公司在资本市场的知名度和声誉成本。总的来说，这些发现表明同行公司的信息披露塑造了公司的信息环境。

然而，由于管理者有动机误报绩效指标以实现财务报告目标，同行公司披露可能会误导其他公司的管理者或投资者，并导致公司做出事后效率低下的投资决策（Durnev and Mangen，2009）。同样，当披露真实时，同行公司披露可能会对相关公司产生正外部性，但当同行公司误报业绩时，也可能产生负外部性。在一项相关研究中，贝蒂等（Beatty et al.，2013）研究了一家公司在其一家同行通过夸大收益而实施欺诈期间的投资行为，发现当同行公司高估其收益时，公司会增加投资，同行公司的高估程度可以预测经济相关公司的过度投资程度。李（Li，2016）扩展了贝蒂等（Beatty et al.，2013）的证据表明同行公司的财务误报不仅扭曲了其他公司的资本支出决策，而且还扭曲了他们的研发和广告决策。

公司从同行公司披露中获得的信息可以是专有的，也可以是非专有的，这种区别对披露监管和总投资活动具有重要意义。因了解同行披露的专有信息而导致的公司投资决策变化更可能涉及从披露同行公司向非披露公司的财富转移。相比之下，由于同行公司披露非专有信息而导致的投资决策改进可能是帕累托改进，因为它们不一定会使披露同行公司处于竞争劣势。了解同行披露对披露公司和非披露公司的净影响对于评估披露规则的优点至关重要。

（二）从公司自身的披露要求中学习

心理学研究表明，与所有其他经济主体一样，管理者面临着影响其决策的信息处理约束。因此，管理者不将其可获得的所有决策相关信息纳入其公司是合理的，因为此类信息的收集和处理成本很高。最近的一系列研究将有限注意力和处理成本的理论纳入了他们的研究假设中，并预测编制财务报表和遵守财务报告要求会影响管理者的信息集。具体而言，信息获取和处理成本影响管理者的投资决策在多大程度上纳入了公司内部可获取的尚未收集或处理的信息。当披露法规或公司利益相关者基础的变化促使公司收集和处理额外信息时，收集和处理的额外信息可能会影响管理者的信息集，从而影响他们的投资决定，即使在没有考虑代理冲突的情况下。管理者从遵守财务报告条例中学习新信息的主要机制是，公司使用许多与外部报告要求相同的规则来衡量内部决策的绩效。因此，遵守新的财务会计规则会导致管理会计系统的变化，而管理会计系统是管理者资本预算决策的主要信息来源（Shroff，2017）。海兹玛和黄（Heitzma and Huang，2019）发现当内部信息质量较高时，管理者在投资决策中更加重视公司内部的信息；相反，当公司内部可用信息质量较差时，管理者在投资决策时更多地依赖于其股票价格中嵌入的信息。崔（Choi，2021）发现应计项会计系统有助于管理者提高用于决策的信息质量，从而提高总生产率和总产出。

公司的财务报告可以通过增加从股价和分析师等其他信息来源学习的机会来影响其投资决策。最近关于资本市场信息披露的文献表明，财务报告可以影响管理者从市场价格中了解自己公司投资机会的能力，从而减少信息不确定性。例如，公司的公开披露可能会影响投资者对私人信息生产的激励，从而增加或减少股票价格的信息性（Chen et al.，2018）。分析师通过将公司披露的信息与他们自己关于公司、行业和市场状况的私人信息相结合，做出预测，为管理者提供信息。史洛夫等（Shroff et al.，2014）发现分析师跟踪与资本投资对增长机会的响应性相关。

三、国内有关信息披露与公司投资的文献

财务报告作为公司对外传递信息的重要机制，其披露的高质量会计信息透过定价功能和治理功能可有效缓解公司与外部投资者之间的信息不对称，减少资本市场中的交易摩擦。因此，高质量的会计信息能够降低公司面临的融资约束或代理冲突，抑制公司投资偏离最优投资水平的程度，增加公司投资的效率。在中国资本市场上，为了提高上市公司信息披露质量，先后实施了一系列政策，检验政策实施效果成为热门话题。蔡吉甫（2013）以2007年1月1日上市公司开始全面执行新会计准则为背景，研究会计信息提高公司投资效率的微观机理及其演变趋势。发现高质量的会计信息能够降低民营控股公司的投资不足，但对公司的过度投资和国有控股公司的投资不足则不

具有治理效应。进一步比较分析发现，上述会计信息对民营控股公司投资不足的缓解作用主要来自按照新会计准则编制的财务报告。林钟高和刘文庆（2022）考察了 2015 年信息披露监管模式由"辖区监管"变更为"分行业监管"对投资效率的影响。研究发现：分行业信息披露监管模式的实施有效抑制了上市公司非效率投资行为，且对于低质量信息披露以及高盈余管理行为的上市公司抑制效应更加明显；提高会计信息可比性，降低代理成本是其发挥抑制作用的重要路径。张超和刘星（2015）以 2010 年《企业内部控制配套指引》从颁布、试点再到全面实施前的过渡阶段为背景，考察内部控制缺陷信息披露是否对企业投资效率产生影响。发现上市公司在披露内部控制缺陷信息前一期存在过度投资行为，而披露后一期的过度投资倾向有所减弱；对于审计监督较弱、披露充分性较低的上市公司，内部控制缺陷信息披露对过度投资与投资不足均产生了显著影响。钟马和徐光华（2015）以 2009 年中国资本市场开始执行强制导向的社会责任信息披露新规定为背景，研究社会责任信息披露与公司投资效率的关系，发现披露社会责任的公司投资效率更高，且公司财务信息质量较差的公司中，社会责任信息披露对投资效率的提升效应更为显著。与财务信息相比，非财务信息受到越来越大的关注。中国证监会也制定了相应法规和准则要求和鼓励上市公司披露有关未来发展前景的非财务信息。例如，在《公开发行证券的公司信息披露内容与格式准则第 2 号〈年度报告的内容与格式〉（2003 年修订)》中，要求在管理层讨论与分析中不能只重复财务报告的内容，应着重于其已知的、可能导致财务报告难以显示公司未来经营成果与财务状况的重大事项和不确定性因素，而在 2007 年修订版中更是规定上市公司应在董事会报告中专门披露对公司未来发展的展望。从总体趋势来看，有关公司未来发展前景的非财务信息在资本市场上扮演了越来越重要的角色。程新生等（2012）实证研究发现外部融资是非财务信息和投资效率之间的中介变量，但同时又受到了外部制度约束的影响。非财务信息具有"双刃剑"效应，虽然通过获取更多的外部融资缓解了投资不足，但是也导致了过度投资。以上研究以中国资本市场发展过程中相关披露政策实施为背景，分别从强制信息披露和自愿信息披露对公司投资效率的影响。管理者的信息集是公司投资决策的依据，而管理者信息集除受到披露政策、自身财务特征影响外，还受到同行信息披露的影响。国内对管理者信息集的影响因素及其产生的真实影响相关研究还比较欠缺，有待进一步深入研究。

第六节 同 群 效 应

同群效应（peer effects）是指处在相似行业、相似组织或者具有其他相似特征的群体内个体间互动行为产生的交叉影响，具有放大器的效果，也称为社会学习（social learning），或社会传染（social contagion）。在社会学、社会心理学、经济学领域获得广泛的研究（Bikhchandani et al.，1992；Cawley and Christopher，2011；Kaustia and Knupfer，2012；Pan and Pirinsky，2015）。

在公司决策领域，行业同群影响的研究主要包括：企业董事会成员任命、高管薪酬、投资决策、资本结构、股利政策、现金持有政策、避税行为、自愿性信息披露等。由于反射问题（Manski，1993），同群效应的识别存在两个主要的挑战：公司的输出变量与同群公司的输出变量或特征之间的相关性可能是进入同群组的内生性选择或遗漏了对同群组起决定作用的共同输出变量造成的；同群效应可能通过两个渠道——行为和特征起作用，区分这两个渠道是面临的第二个挑战。

亚达夫和尚克尔（Yadav and Shanker，2015）利用2002年萨班斯－奥克斯利法案颁布后纽约证券交易所和纳斯达克证券交易所在独立董事的薪酬和任命的独立性要求上的差别，估计同群效应模型，发现同群公司董事会规模和下属委员会独立性的增加导致了群内公司相应度量的显著增加。阿莫尔（Amore，2016）发现家族企业董事的任命受地理位置临近家族公司的影响较大。苏（Shue，2013）利用哈佛商学院把MBA学生随机分配到某个团体的自然实验，研究同群高管对管理决策制定的影响，发现在同一个班级，相同的社团同群对高管薪酬和并购策略有较强的影响，且校友的聚会使这个效应更强。福柯与弗雷萨尔（Foucault and Fresard，2014）研究了同群公司股票价值对公司的投资影响，发现同群公司价值一个标准差的增加导致5.9%公司投资的增加，且证实了信息学习渠道影响了管理层的投资决策。

利里和罗伯茨（Leary and Roberts，2014）研究表明同群公司对公司的资本结构和财务决策影响很大，公司的财务决策很大程度上响应同群公司的财务决策，较少程度上响应同群公司的特征，规模小、盈利能力差的公司对规模大、盈利强的公司敏感性大，且外生性财务杠杆决策产生的外部放大效应小公司达 70%，大公司达 8%。董等（Duong et al.，2015）使用权益非正常收益冲击作为工具变量，检验了行业同群对债务到期日决策的影响，发现行业同群公司短期、中期、长期债务一个标准差的变化导致了 50%、37%、23% 的相应到期日公司债务的变化，并且模仿同群公司短期、中期债券结构的公司倾向于增加公司的盈利能力、资产收益率和股票收益，而长期的恰恰相反。

考斯蒂亚和兰塔拉（Kaustia and Rantala，2015）以股票分割为背景，共同分析师为基础的方法构建群组，利用标准的面板回归识别股票分割的同群效应，发现同群公司如果最近分割了他们的股票，群内公司较大可能采取相同的行动，这个影响增加了 40%~50% 的股票价格，且分割公司宣布期收益的增加也增加了同群公司的分割概率。格伦南（Grennan，2019）使用同群公司股价特质风险作为工具变量识别同群效应模型，研究了股利的同群效应，发现公司加速从事股利变更时间为 1.5 个季度，增加支付股利的公司达 15%，同群效应达 12%，这个发现一致于股利的威胁模型或过度自信行为模型，另外，没有发现回购的同群效应。

乔等（Joo et al.，2016）对竞争性激烈的制造业公司，检验同群公司现金持有政策对公司现金囤积的影响。伯德等（Bird et al.，2018）根据关注公司的行业和规模建立群组，估计高管避税的确定效应识别高管更替产生的税率冲击，检验了一个公司的避税行为对同群公司的影响，发现同群公司同向地改变他们的 GAAP 税率，同群真实税率平均的响应几乎达到 10%，但同群效应仅仅发生在账面上，对持有现金没有影响，特别是对有较大自由裁决报告国外收入的税率。波文和舍恩菲尔德（Bourvean and Schoenfeld，2017）检验了受到积极投资者攻击的公司对同行公司采用防御性自愿性信息披露的影响。

国内对同群效应的研究主要体现在金融、并购、财务决策和管理层薪酬及上市公司信息披露违规行为等领域。李晓梅和刘志新（2010）检验了不同城市之间基金经理投资决策的交互影响，发现中国基金经理投资存在显著的同群效应，城市内基金经理投资相互影响大于城市间相互影响，买入决策的同群效应大于卖出决策的同群效应，说明同一城市的基金经理更容易相互学习和交流。刘京军等（2018）也发现开放式基金资产配置策略存在显著的同群效应，给基金带来显著的资金净流入，但并没带来显著的超额收益。万良勇等（2016）利用面板数据研究了企业并购的同群效应，发现上市公司的并购决策受到同行业其他公司并购行为的影响，且信息获取性模仿和竞争性模仿是同群效应形成的重要内在机制。陈和麻（Chen and Ma，2017）研究了公司投资的同群效应，发现同群公司投资一个标准差的增加导致4%的公司投资的增加，当同群公司信息披露质量较高或竞争更激烈时，这个效应更强。赵颖（2016）采用PSM方法构建群组，检验中国高管薪酬的同群效应，发现非金融上市公司高管存在显著的同群效应，外聘CEO的同群效应更显著，同一区域同行业和其他行业对高管薪酬的影响显著高于不同区域同行业的影响。陆蓉和常维（2018）研究了上市公司违规行为的群体特征，发现同地区其他上市公司的违规行为显著地增加了该地区公司发生违规行为的概率，主要通过交互式学习和观察式学习两种模仿机制起作用，且同一地区相同产权性质公司间同群效应更明显。

第七节　文献研究评价

通过对机构投资者、自愿性信息披露及同群效应的相关文献的评述，发现机构投资者作为公司的外部股东已经成为资本市场主体，机构投资者自身利益的考量关系到公司管理层的一系列决策行为。信息经济学理论认为信息不对称会产生逆向选择和道德风险，公司的信息披露，特别是自愿性信息披露能否满足外部投资者需求，关系到对公司的定价和管理层的评价、产生资本市场经济后果及真实影响，所以从机构投资者角度出发研究公司自愿性信息披露，在现存的经济制度背景下，是经济金融领域、公司金融领域及财务会计领域研究的重点、热点问题。难点在于机构投资者的有效分类、自愿性信息披露的度量及因果关系的识别问题。另外，由于管理层的社会学习或模仿效应，在高度竞争的资本市场使得具有真实经济联系的群内成员间的相互影响增强，产生的经济外部性得到实践者和学术界的认可，对管理层的财务决策、公司治理产生的同群效应已经成为学术界的一个热门话题，但对群组的构建、同群效应的识别、影响机制的研究是个难点问题。

（1）在当前经济发展环境下，被动型机构投资者呈上升趋势，从被动机构投资者角度探索对公司自愿性信息披露的影响，国内外相关的文献还很少，这为本书的研究提供一个新的方向。

（2）在自愿性信息披露的资本市场经济后果方面，在国内制度背景下，研究指数所有权、信息披露、股价信息不对称程度对股票流动性影响及路径分析，弥补国内相关文献的匮乏和不足，无论从提高公司治理质量、增加自愿性信息披露水平、改善信息环境角度讲，还是建立高效、完全竞争资本市场及内生性监督机制上讲，都具有重要的理论意义和实践价值。

（3）对同群效应研究领域、模型设定及识别，在公司决策领域，国内外的文献还很少，公司资本投资产生的真实影响，国内外几乎没有。在本书的研究背景下，探索公司资本投资的同群效应及影响机制，是非常有意义的。

第三章

指数基金所有权、管理层
预测与股票流动性

流动性对金融市场交易的有效运行起到关键作用，是金融资产定价的一个重要因子（Amihud et al.，2015；Li et al.，2014），关系到投资的预期收益（Amihud，2002；Levi and Zhan，2015）。流动性的增加能降低资本成本（Lambert and Ver-recchia，2015；Belkhir et al.，2018）、提高公司价值（Fang et al.，2009），进一步影响公司的财务决策以及金融政策目标的制订（Amihud and Mendelson，1991）。例如，对于权益融资政策，配股增加买卖价差，减少了流动性，而公开发行股票融资恰好相反，所以后者成为一种较为流行的权益融资形式；对于公司的股利政策，现金股利比股票回购更能增加股票的流动性；另外，资产证券化把非流动金融要求权转化为可流动证券，从而使得非流动金融要求权的投资者变得有利可图。另外，减少或减免证券交易印花税或佣金，降低交易成本，可增加市场流动性。至今，A 股经历了十次股票交易印花税的调整，有八次是在股市低迷的时候降税，两次是在股市过热的时候调高印花税。对股票流动起影响作用的因素很多，像管理层的自愿性信息披露（Balakrishnan et al.，2014）、指数基金非策略性的再平衡交易（Schoenfeld，2017）等。为了能有效识别不同因素对股票流动性影响以及影响路径，本章在沪深 300 指数重构的背景下，构建扩展的斜率型双重差分（DID）模型，实证检验指数所有权、管理层预测对股票流动性的影响及影响路径。为公司的披露政策、财务决策、金融政策的制订以及突出指数基金在金融市场中重要性提供理论支持和经验证据。

本章选择沪深 300 指数重构为背景主要体现下面四个有利条件：第一，沪深 300 指数是沪深证券交易所 2005 年 4 月 8 日发布，由沪深两市市值最大、流动性最好的 300 只 A 股股票组成，指数行业分布覆盖面宽，能反映 A 股整体市场运行情况，成为众多基金投资业绩的评价标准和投资标的，同时也是金融衍生产品创新的重要标的。2018 年 5 月沪深 300 指数成份股市值占 A 股总市值的 55%，现金分红率占 77%，现金股息率达到 2.6%①。以沪深 300 指数为研究对象具有重要的经济金融意义。第二，虽然市值、流动性等决定 S&P500 指数的成分，但 S&P500 指数重构以需要为基础，让指数尽可能地代表现存经济状况，所以规则并不是确定的，从而增加对进入或删除预测的困难。MSCI 指数成份股的选择方法没有公开，虽然是规则的季度修订，但增加或删除的数量不确定，MSCI 指数重构不可预测。相对于 S&P500 指数、MSCI 指数重构，虽然沪深 300 指数重构是以规则为基础且相对透明，指数成份股变化可预测性比较强，但这个变化对于指数基金自身来说是外生的。当一个公司被选入沪深 300 指数，指数基金为了达到最小跟踪误差必须无选择地给该公司分配头寸，所以该公司就获得一个外生的所有权头寸。由于非策略性的交易机制，从而对股票流动性产生影响。第三，指数基金通过获得公司所有权成为公司的股东，获得投票权。阿佩尔等（Appel et al.，2016）在罗素 1000/2000 指数背景下发现在 0.5%～3% 范围内变动的拟指数所有权能

---

① 中证指数有限公司，http：//www.csindex.com.cn。

通过"话语权""投票权"影响公司的治理选择，提高公司的长期业绩，增加公司价值。在这个变化范围内，克兰等（Crane et al.，2016）也发现机构所有权积极地影响公司的股利支付政策。在本章样本统计中发现指数所有权均值为 0.507%，恰好处在 0.5% ~ 3% 范围的下限，虽然所处的市场不同，但为我们研究指数所有权对管理层预测的影响提供了重要的理论基础。第四，利用中证指数有限公司公开透明的沪深 300 指数重构规则，对进入指数的实施公司进行板块①、行业、流动性、规模（BILS）一对一匹配控制公司，探索相对控制公司的实施公司"包括"前后的行为构成了 DID 回归背景，差除了公司确定因素的影响以及任何时变共同因素的影响。

从 2005 年 7 月 ~ 2017 年 6 月一共有 583 家上市公司进入沪深 300 指数，我们选择了 342 个符合条件的样本，采用 BILS 方法匹配了 342 个控制公司。结果简要摘录如下：第一，指数所有权对管理层预测次数、管理层预测精确性、及时性没有传统显著水平上的统计显著性影响，这个令人失望的结果也体现中国新兴市场指数基金规模不够大，没有体现对上市公司充分发挥监督管理的作用。但我们发现指数"包括"导致管理预测次数显著的增加，也说明指数重构不是无信息事件。第二，我们发现指数所有权自身对阿米胡德（Amihud，2002）度量的流动性产生显著的影响。相对控制组，指数所有权一个标准差的增加导致 9.37% 标准差股票流动性增加。虽然指数所有权对管理层预测没有影响，但管理层预测次数的增加对杜阿尔特和永（Duarte and Young，2009）度量的信息不对称 AdjPIN 产生显著的影响。相对控制组，一个标准差管理层预测次数的增加，导致 10.78% 标准差信息不对称程度的减少。进一步发现，一个标准差信息不对称程度的减少导致流动性大约增加14.34%。这个结论说明在沪深 300 指数重构背景下，管理层预测次数对流动性存在间接影响，从路径上看，一个标准差管理层预测次数的增加，导致1.55% 标准差股票流动性增加。第三，进入沪深 300 指数的公司股票不对称信息的下降、流动性增强显著影响进入后累计的长期非正常收益，一个标准

---

① 为了建立多层次资本市场需要，中国证监会根据上市门槛的高低将 A 股分为主板（股票代码以 60 或 000 开头）、中小板（股票代码以 002 开头）、创业板（股票代码以 300 开头）、新三板（股票代码以 43 或 83 开头）和科创板（股票代码以 688 开头）。

差不对称信息含量的减少导致非正常收益大约减少8.44%，一个标准差流动性的增加导致非正常收益大约减少27.27%。这个结论说明不对称信息的下降、流动性增加是非正常收益减少的两个重要决定因素，也进一步解释了宣布进入沪深300指数后非正常收益发生反转的原因。

本章的主要贡献如下：第一，利用沪深300指数重构有效地区分指数基金和其他机构投资者，构建扩展的斜率型DID模型识别指数基金所有权对管理层预测的影响，规避策略性管理预测的动机（Healy and Palepu，2001；Beyer et al.，2010）。尽管我们没有发现显著的影响，但暴露了我国新兴资本市场指数基金规模不大、对企业的治理水平影响不够的缺陷，进而为金融政策制定者、基金管理者提供了理论依据和经验证据。第二，从两个路径揭示进入沪深300指数股票流动性增加的原因。一个是指数所有权对流动性增加的直接影响，另一个是通过管理层预测次数降低了信息不对称而间接影响股票流动性。第三，增加了对流动影响因素新的认识，丰富了相关文献。例如：布恩和怀特（Boone and White，2015）认为指数基金偏好高的披露，因为能够降低交易成本，并证明了当公司从罗素1000移动到罗素2000时增加了披露、流动性及机构所有权。舍恩菲尔德（Schoenfeld，2017）在S&P500指数重构背景下揭示了自愿性披露的增加直接导致流动性增加。第四，不对称信息的下降、流动性增加是非正常收益减少的两个重要决定因素，是对王等（Wang et al.，2015）对进入沪深300指数股票长期非正常收益下降决定因素的补充和扩展。

第一节　研究假设

股票流动性是影响公司权益资本成本的一个决定因素。当投资者想要在较短时间内以较低的成本大量交易时需要考虑股票流动水平，阿米胡德和门德尔森（Amihud and Mendelson，1986）首先将股票流动水平与公司权益资本成本联系起来，揭示了预期收益随着非流动成本的增加而增加。并将这个结论推广到时间序列（Amihud，2002）和国际金融市场（Amihud et al.，2015）。除了股票流动水平外，股票流动性风险也是流动性影响公司权益资本成本的一个重要渠道。阿查里雅和佩德森（Acharya and Pedersen，2005）给出了股票流动性风险的理论均衡模型，并实证了流动性风险对截面股票期望收益的定价，表明在市场下跌期非流动性成本非常高。贝克艾尔等（Belkhir et al.，2018）从全球市场领域检验了股票极端非流动和隐含公司权益资本成本的关系，证明了有极端非流动实现的股票遭受较高的资本成本，进一步发现在市场下跌期和高波动期这个关系更强，而在较高信息质量和较强投资者保护的环境中这个关系变弱。流动性突然下降带来的冲击可能放大为金融危机，例如，中国2015年6月股市流动性的枯竭导致千股跌停、千股涨停的奇观。理论文献兰伯特和维雷基亚（Lamberrt and Verrecchia，2015）分析了不同流动性市场条件下，信息不对称对资本成本的影响，暗示市场的流动性水平对促进信息有效融入股价提供了先决条件。所以公司的财务决策和金融政策的制订要考虑对公司及整个金融市场流动性的影响，维持正常流动性水平，避免流动枯竭带来的金融风险。

股票流动性决定因素主要包括：公司自愿性信息披露、信息不对称及机构投资者等。交易者之间的信息不对称影响了股票的流动性，而公司自愿性披露能够降低交易者之间的信息不对称，进而公司自愿性信息披露成为影响股票流动性的一个重要渠道（Balakrishnan et al.，2014）。与规则的强制披露不同，自愿性信息披露反映了管理层的偏好，受到多种因素的干扰，是个内生性问题。根据希利和帕莱普（Healy and Palepu，2000）和拜尔等（Beyer et al.，2010），自愿信息披露的动机主要包括：资本市场交易假说、管理层股票薪酬和职业关心假说、诉讼成本假说、专有成本假说、对分析师预期或对复杂财务报表指引假说等。为了获得较强的直接因果关系结论，有效的识别变得非常重要。布恩和怀特（Boone and White，2016）在罗素1000/2000指数[①]年度重构的背景下，利用罗素1000底部公司移动到罗素2000顶部门限

---

① 罗素投资公司根据透明的决策规则每年对罗素1000指数、罗素2000指数重构。首先根据5月最后一交易日的总市值对所用美国上市公司排序，前1000名组成罗素1000指数，后2000名组成罗素2000指数。然后，6月最后一个周五交易日重构，允许按浮动市值在两个指数间流动。两个指数按浮动调整的市值加权。在2007年以后在切点处采用了缓冲带策略减少浮动市值微小变化带来的指数间调整。

处市值的连续性，而机构所有权发生跳跃的特征，构造 RD 回归，识别拟指数所有权（Bushee，1998）的增加导致管理层预测和股票流动性的增加。说明了拟指数投资者为了降低监督成本增加组合收益，需要提高公司的透明度。该文献没有区分拟指数所有权对流动性直接影响或者通过自愿性披露间接影响流动性。舍恩菲尔德（Schoenfeld，2017）在 S&P500 指数重构背景下采用 DID 模型区分这两个路径，证明了指数基金所有权增加导致自愿性披露的增加，而自愿性披露的增加导致股票流动性增加；另外，指数基金所有权自身也驱动了股票流动性增加。但从文献中没有发现 S&P500 指数"包括"产生披露的显著增加。沪深 300 指数重构是以透明的规则为基础的，重构方法和时间都是事前确定的，对调整进入沪深 300 指数成份股预测性比较强。但陈和林（Chen and Lin，2016）发现进入沪深 300 指数的公司受到乐观的 EPS 预期，分析师系统地向上修正了 EPS 预测，暗示重构不是无信息的，增加的投资者认知和外部市场监督力量是主要的驱动因素。基于此，本章提出第一个假设：

H3 - 1a：沪深 300 指数的"包括"显著地增加管理层预测次数。

沪深 300 指数是中国 A 股市场上最具代表性的指数，覆盖上交所的主板及深交所的主板、中小板和创业板。2017 年底沪深 300 指数基金达 67 只，管理净资产规模达 1432 亿元，占沪深 300 指数总市值的 0.51%，虽然远远小于 S&P500 指数基金管理的净资产占 S&P500 指数市值的 12.4% 的规模（Schoenfeld，2017），但指数基金也在积极发挥对公司治理的作用。例如，上海家化大股东与管理层在 2013 年 10 月到 2014 年 6 月的"内斗"中，易方达、华商和汇添富 3 家基金公司通过股东提案和投票权行使了自己的权利。在此期间易方达拥有 2 只沪深 300 指数型基金，上海家化也一直是沪深 300 指数成份股。相比主动型基金，指数基金不会仅仅因为公司治理短视的出现就出售组合中的股票，更加关注组合中公司的业绩和经营变化，谋求获得信息成本最小化，组合收益最大化。本章提出第二个假设：

H3 - 1b：进入沪深 300 指数的公司管理层预测次数与指数基金所有权正相关。

公开信息的披露与私有信息收集具有替代效应（Diamond and Verrecchia，

1991），公开信息披露降低了交易者逆向选择，减少私有信息交易者，从而降低信息不对称，增加流动性。当假设 H3－1a 或假设 H3－1b 成立时，相对控制组，进入沪深 300 指数公司管理层预测次数增加导致信息不对称程度的减少，进一步信息不对称程度的减少导致流动性增加，我们把这种情况称为有信息生产的流动性增加。本章提出第三个假设：

H3－2a：进入沪深 300 指数公司信息不对称程度显著减少，与管理层预测次数负相关，与流动性正相关。

由于指数基金无策略的再平衡交易可能增加了成交量，有助于增加市场的流动性，我们把这种情况称为无信息生产的流动性增加。本章提出第四个假设：

H3－2b：沪深 300 指数基金所有权与流动性正相关。

信息解释者认为股价反映一切可获得信息，股价信息含量越高，越贴近公司的基本价值，股价信息含量引导资本配置。在完全竞争信息市场中，信息的生产有很高的固定成本，竞争性生产者对高需求的信息要价低，低需求的信息要价高（Veldkamp，2006）。所以投资者要获取超额收益，就需要花费更大的成本获得更多的私有信息。由于公开信息披露与私有信息存在替代效应，当管理层预测次数增加时，私有信息交易者减少，交易者信息不对称程度减少，超额收益减少。股价信息不对称程度与超额收益正相关，进一步如果假设 H3－2a 成立，股票流动性与超额收益负相关。所以得到本章第五个假设：

H3－3：公司信息不对称程度与长期超额非正常收益正相关；股票流动性与长期超额非正常收益负相关。

第二节　数据、变量和模型

一、样本数据

本章以 2005 年 7 月到 2017 年 6 月进入沪深 300 指数的公司为研究对象，

由于沪深 300 指数一年两次规律性的重构及不规则的临时调整。在有特殊事件发生，影响指数的代表性和可投资性时，中证指数有限公司对沪深 300 指数样本股做出必要的临时调整。例如，一是新上市股票，发行总市值排名在沪深 A 股市场前十名，上市第 10 个交易日后快速纳入指数，剔除原沪深 300 近一年日均 A 股总市值排名最低的股票；二是收购合并；三是分拆；四是停牌；五是暂停上市、退市；六是破产。在这个时间段共有 583 家公司进入指数，同时等量的公司退出指数。我们仅考虑至少上市一年后进入指数的公司，删除了刚上市或上市不足一年进入指数的公司；删除了因并购临时调入的公司，进入指数前交易日不足 150 天的公司；删除进入指数后不到一年退出的公司；保证我们的最终样本为初次进入指数的公司，删除不是初次进入指数的公司；另外，由于创业板上市公司采用强制性的管理层预测披露，我们也删除进入指数的创业板公司。我们最终获得 342 个样本，其中深交所 133 个，上交所 209 个，覆盖样本期的所有年份规则的重构，具体公司分布情况如表 3 - 1 所示。根据中国证监会《上市公司行业分类指引（2012 年版）》，制造业取前两位代码、其他行业取前一位代码，获得最终样本的 38 个行业分布，如表 3 - 2 所示。最终样本行业分布除了纺织业、造纸业及邮政业，几乎与最初进入的 41 个行业分布相同。况且这 3 个行业初始进入公司极少。从最终样本的年度分布和行业分布来看，我们最终样本能够代表初始进入的状况。

表 3 - 1   2005 年 7 月 ~ 2017 年 6 月进入 CSI300 的公司年分布   单位：个

宣布日	实施日	最初进入	最终样本
2005 - 06 - 22	2005 - 07 - 01	14	13
2005 - 12 - 20	2006 - 01 - 01	14	13
2006 - 04 - 14	2006 - 04 - 21	4	0
2006 - 06 - 12	2006 - 07 - 3	30	27
2006 - 07 - 06	2006 - 07 - 19	1	0
2006 - 08 - 02	2006 - 08 - 15	1	0
2006 - 10 - 27	2006 - 10 - 27	1	0
2006 - 10 - 30	2006 - 11 - 10	1	0

续表

宣布日	实施日	最初进入	最终样本
2006 - 12 - 11	2007 - 01 - 01	30	19
2007 - 01 - 10	2007 - 01 - 23	1	0
2007 - 02 - 06	2007 - 02 - 26	1	0
2007 - 03 - 02	2007 - 03 - 15	1	0
2007 - 04 - 27	2007 - 04 - 30	2	0
2007 - 04 - 30	2007 - 05 - 18	1	0
2007 - 05 - 16	2007 - 05 - 29	1	0
2007 - 06 - 11	2007 - 07 - 02	28	15
2007 - 10 - 10	2007 - 10 - 23	1	0
2007 - 11 - 06	2007 - 11 - 19	1	0
2007 - 12 - 10	2008 - 01 - 02	30	16
2007 - 12 - 25	2007 - 12 - 25	1	0
2008 - 03 - 10	2008 - 03 - 18	1	0
2008 - 06 - 04	2008 - 07 - 01	19	12
2008 - 12 - 15	2009 - 01 - 05	18	11
2009 - 06 - 15	2009 - 07 - 01	24	16
2009 - 12 - 14	2010 - 01 - 04	16	9
2009 - 12 - 22	2010 - 01 - 04	2	0
2010 - 06 - 17	2010 - 07 - 01	18	7
2010 - 07 - 16	2010 - 07 - 29	1	0
2010 - 12 - 13	2011 - 01 - 04	26	17
2011 - 06 - 13	2011 - 07 - 01	23	11
2011 - 08 - 05	2011 - 08 - 23	1	0
2011 - 12 - 12	2012 - 01 - 04	24	18
2012 - 06 - 11	2012 - 07 - 02	18	12
2012 - 12 - 17	2013 - 01 - 04	15	13
2013 - 06 - 17	2013 - 07 - 01	16	8
2013 - 08 - 13	2013 - 09 - 18	1	0

续表

宣布日	实施日	最初进入	最终样本
2013 - 12 - 02	2013 - 12 - 16	21	17
2014 - 06 - 03	2014 - 06 - 16	26	17
2014 - 12 - 01	2014 - 12 - 15	22	9
2015 - 01 - 22	2015 - 01 - 26	1	0
2015 - 05 - 14	2015 - 05 - 20	2	0
2015 - 06 - 01	2015 - 06 - 15	18	5
2015 - 11 - 30	2015 - 12 - 14	20	11
2015 - 12 - 28	2015 - 12 - 30	1	0
2016 - 05 - 30	2016 - 06 - 13	24	13
2016 - 11 - 28	2016 - 12 - 12	30	15
2017 - 02 - 09	2017 - 02 - 14	1	0
2017 - 05 - 31	2017 - 06 - 12	30	18
合计		583	342

资料来源：中证指数有限公司，http：//www.csindex.com.cn/zh-CN。

表 3 - 2　　　2005 年 7 月 ~ 2017 年 6 月进入 CSI300 的公司行业分布　　单位：个

代码	名称	最初	最终
A0	农业、畜牧业	6	2
B0	黑色金属矿采选业	30	21
B1	开采辅助活动	3	2
C13	农副食品加工业	6	4
C14	食品制造业	6	4
C15	酒、饮料和精制茶制造业	9	6
C17	纺织业	1	0
C18	纺织服装、服饰业	6	2
C21	家具制造业	1	1
C22	造纸及纸制品业	2	0

续表

代码	名称	最初	最终
C24	文教、工美、体育和娱乐用品	1	1
C25	石油加工、炼焦及核燃料加工业	3	3
C26	化学原料及化学制品制造业	16	13
C27	医药制造业	46	26
C28	化学纤维制造业	3	3
C29	橡胶和塑料制品业	5	4
C30	非金属矿物制品业	4	3
C31	黑色金属冶炼及压延加工业	15	8
C32	有色金属冶炼及压延加工业	16	12
C33	金属制品业	1	1
C34	通用设备制造业	13	3
C35	专用设备制造业	20	10
C36	汽车制造业	17	11
C37	铁路、船舶、航空航天和其他运输设备制造业	14	11
C38	电气机械及器材制造业	22	12
C39	计算机、通信等电子设备制造	39	25
D4	电力、热力生产和供应业	34	14
E4	土木工程建筑业	20	10
E5	建筑装饰和其他建筑业	2	2
F5	批发业、零售业	24	15
G5	运输业	29	13
G6	邮政业	2	0
H6	住宿业	2	1
I6	互联网、软件及相关服务	40	23
J6	资本市场服务	57	29
K7	房地产业	35	25
L7	商务服务业	8	7
N7	生态保护和环境治理业	2	1

代码	名称	最初	最终
Q8	卫生	2	1
R8	广播、电视、电影和影视录音等	16	9
S9	综合	5	4
	合计	583	342

注：根据中国证监会《上市公司行业分类指引（2012 年版）》，制造业取前两位代码、其他行业取前一位。

匹配控制组。对整个 CSMAR 日个股交易数据库的公司，删除所有进入沪深 300 指数的股票，然后对剩下的公司和实施样本组合在一起，对相同板块、相同行业内的公司，采用类似沪深 300 指数重构的方法，对上一年 5 月 1 日到审核年度 4 月 30 日或上一年 11 月 1 日到审核年度 10 月 31 日的日均成交额排序，删除后 50% 的公司，然后在按照日均总市值排序，选择离实施样本最近的公司为控制样本，并一对一地进行匹配。我们归结为板块、行业、流动性、规模匹配，简记为 BILS 匹配。另外，本章所有单变量分析数据和用作回归分析的数据，对小于 1% 分位数和大于 99% 分位数的极端观测值进行缩尾处理。

二、主要变量的度量

（一）指数基金所有权度量

类似舍恩菲尔德（Schoenfeld，2017），我们假设所有的沪深 300 指数基金在披露偏好上是同质的，所以所有的沪深 300 指数基金累积起来相当于 1 只基金。指数基金持股百分比度量采用锐思基金数据库中沪深 300 指数基金持有样本公司进入沪深 300 指数所在季度的普通股数量之和与该公司同季度总股本的百分比。沪深 300 指数基金包括 ETF 指数基金，并核查了锐思数据库中得到的沪深 300 指数基金代码与中证指数有限公司披露的指数基金代码的一致性。为了区分指数基金所有权，我们也度量了其他机构投资者持股百分比，采用锐思机构投资者持股数据库，对持有样本公司季度所有权比例求和，减去对应季度沪深300指数基金持股比例，然后对对应时间区间内修正后的机构季度持股比例取平均值，时间区间以实施日为断点，分别选择实施日前一年［–1年，0）及后一年［0，1年］两个时间段。

（二）管理层预测

我国监管部门业绩预告采取有"门槛"的预告制度，同时鼓励所有公司发布自愿性的业绩预告，但没有强制以统一的形式发布预告。上交所的主板与深交所的主板、中小板和创业板对业绩预告的要求不同。例如，根据《上海证券交易所股票上市规则》，上市公司预计年度经营业绩将出现净利润为负值，或者净利润与上年同期相比上升或下降50%以上，或者实现扭亏为盈，应当在会计年度结束后一个月内进行业绩预告。预计中期和第三季度业绩出现上述情况之一的，可以进行业绩预告。深交所主板上市公司预计第一季度、半年度、第三季度和年度出现净利润为负值，或者净利润与上年同期相比上升或下降50%以上，或者实现扭亏为盈，或者期末净资产为负，或者年度收入低于1000万元应进行业绩预告。深交所中小板上市公司应在第一季度报告、半年度报告和第三季度报告中披露对年初至下一报告期末的业绩预告。公司预计第一季度业绩将出现净利润为负值，或者净利润与上年同期相比上升或下降50%以上，或者实现扭亏为盈的应不晚于3月31日进行业绩预告。深交所创业板上市公司一季度、半年度、三季度、年度均要进行业绩预告，创业板的季度业绩预告是强制性的，所以在实施样本中给以删除，且对实施样本匹配控制组时要求板块对应。采用锐思业绩预告数据库分别计算管理层预测次数、管理层预测精度、管理层预测及时性。管理层预测次数为相应时间区间内业绩预告的次数，含强制性和自愿性披露。管理层预测精度、管理层预测及时性的形式为自愿性披露，采用高敬忠等（2013）的度量方法。对于管理层预测精度度量，点预测取4、区间预测取3、上下限取2、定性预测取1，然后相应时间区间取平均值，该值越大越精确。对于管理层预测及时性度量，取预告日和实际宣告日之间的天数，然后相应时间区间取平均值，该值越大越及时。

（三）信息不对称程度的度量

信息不对称程度的度量，我们用杜阿尔特和永（Duarte and Young，2009）调整的知情交易概率（AdjPIN），AdjPIN 越大表明信息不对称程度越大；反之，信息不对称程度越小。AdjPIN 模型是在伊斯利等（Easley et al.，1996）的 PIN 模型基础上扩展的，AdjPIN 模型包括买卖命令流可能同时正相关性，及对命令流的外部冲击。所以 AdjPIN 能够匹配普遍存在的买卖命令流的正相关，比 PIN 更准确地抓住信息成分，能够衡量所有成交中知情者参加交易所占的比率，反映证券市场信息不对称的程度，是一个相对干净的代理变量。

$$\text{Adj}PIN = \frac{\alpha \times \left[d \times u_b + (1-d) \times u_s \right]}{\alpha \times \left[d \times u_b + (1-d) \times u_s \right] + (\Delta_b + \Delta_s) \times \left[\alpha \times \theta' + (1-\alpha) \times \theta \right] + 2\varepsilon}$$

$$(3.1)$$

其中，u_b 为知情者购买命令的到达率，u_s 为知情者卖出命令的到达率。θ 为没有私有信息的条件下对称事件发生的概率，θ' 为有私有信息发生的条件下对称事件发生的概率，α 为私有信息发生的概率，d 为发生积极消息的概率，Δ_b 为在对称事件命令流冲击下增加购买命令的达到率，Δ_s 为增加卖出命令的达到率，ε 为噪声交易者买、卖达到率。

日似然函数为：

$$L(\Theta \| B_t, S_t) = (1-\alpha)(1-\theta)e^{-\varepsilon}\frac{\varepsilon^B}{B!}e^{-\varepsilon}\frac{\varepsilon^S}{S!} + (1-\alpha)\theta e^{-(\varepsilon\Delta_b)}\frac{(\varepsilon+\Delta_b)^B}{B!}e^{-(\varepsilon+\Delta_S)}$$

$$\frac{(\varepsilon+\Delta_s)^S}{S!} + \alpha(1-\theta')(1-d)e^{-\varepsilon}\frac{\varepsilon^B}{B!}e^{-(u_s+\varepsilon)}\frac{(u_s+\varepsilon)^S}{S!}$$

$$+ \alpha\theta'(1-d)e^{-(\varepsilon+\Delta_b)}\frac{(\varepsilon+\Delta_b)^B}{B!}e^{-(u_s+\varepsilon+\Delta_s)}\frac{(u_s+\varepsilon+\Delta_s)^S}{S!}$$

$$+ \alpha(1-\theta')de^{-(u_b+\varepsilon)}\frac{(u_b+\varepsilon)^B}{B!}e^{-\varepsilon}\frac{\varepsilon^S}{S!} + \alpha\theta'de^{-(u_b+\varepsilon+\Delta_b)}$$

$$\frac{(u_b+\varepsilon+\Delta_b)^B}{B!}e^{-(\varepsilon+\Delta_s)}\frac{(\varepsilon+\Delta_s)^S}{S!}$$

T 个交易日的极大似然函数为：

$$L(\Theta \parallel B,\ S)\ =\ \prod_{t=1}^{T} L(\Theta \parallel B_t,\ S_t)$$

采用 CSMAR 高频数据库，用 SAS 程序包 NLMIXED 拟合估计相应时间区间的 AdjPIN。鉴于中国股票市场采用的是连续竞价指令驱动交易，区别于做市商根据买卖委托指令报价驱动交易，我们在计算 AdjPIN 时采用在 B1、S1 已成交的买卖笔数。例如，在某个交易日，如果一笔交易以 B1 达成，这笔交易划分为卖单；如果一笔交易以 S1 达成，这笔交易划分为买单，克服委托不能成交的缺陷。

（四）股票流动性的度量

股票流动性的度量采用阿米胡德（Amihud，2002，2015）的非流动性代理：

$$Illiq\_AM_i\ =\ 10^8 \frac{1}{N} \sum_{t=1}^{N} \frac{|Ret_{it}|}{Dvolume_{it}} \tag{3.2}$$

其中，Ret_{it} 为股票 i 在交易日 t 的收益率，$Dvolume_{it}$ 为股票 i 在交易日 t 的成交额，N 为成交天数。该度量反映了单位日成交额导致价格的绝对变化，或者说是命令流的价格影响。非流动性越大，流动性越小；反之，流动性越大。

（五）累积的非正常收益

累积的非正常收益 CAR 采用 CAPM 模型计算：

$$CAR_i\ =\ \sum_{t=1}^{N} AR_{it}\ =\ \sum_{t=1}^{N} (Ret_{it}\ -\ \hat{\alpha}_i\ -\ \hat{\beta}_i \times Ret_{mt}) \tag{3.3}$$

其中，Ret_{it} 为股票 i 在交易日 t 的收益率，Ret_{mt} 为交易日 t 的 A 股市场综合收益率，$\hat{\alpha}_i$、$\hat{\beta}_i$ 通过估计窗口期 $[-150,\ -30]$ 估计得到。

三、模型的设定

为了检验假设 H3-1a、假设 H3-1b，用 DID 变量进行回归，例如：

$$\Delta = (Treatmen_{T=1} - Treatmen_{T=0}) - (Control_{T=1} - Control_{T=0}) \tag{3.4}$$

其中，$T=0$ 表示进入沪深 300 前一年期，$T=1$ 表示进入沪深 300 后一年期。

我们的回归模型如下：

$$\Delta Freq\_MF_i = \alpha_0 + \alpha_1 \Delta Index\_HD_i + \alpha_2 \Delta Other\_HD_i + \alpha_3 \Delta MVT_i + \alpha_4 \Delta Asset_i$$
$$+ \alpha_5 \Delta ROA_i + \alpha_6 \Delta Lev_i + \alpha_7 \Delta BTM_i + \alpha_8 \Delta Following\_ Ans_i$$
$$+ \alpha_9 \Delta Ret_i + \alpha_{10} \Delta Std\_ Ret_i + \varepsilon_i \quad\quad (3.5)$$

模型（3.5）通过双重差分消除了实施公司和控制公司的确定效应和时变效应，也消除了管理层通过披露使公司进入指数的疑虑，因为实施组公司和控制组公司来自相同板块、相同行业，市值靠近，它们都可能采用相似的行为进入指数，双重差分可以控制这个效应。另外，模型（3.5）的截距项 α_0 表示进入沪深 300 指数的 "包括" 效应。

对假设 H3 - 2a、假设 H3 - 2b 的检验，我们也采用类似模型（3.6）的 DID 变量回归：

$$\Delta Illiq\_AM_i(\Delta AdjPIN_i) = \alpha_0 + \alpha_1 \Delta Freq\_MF_i + \alpha_2 \Delta Index\_HD_i + \alpha_3 \Delta Other\_HD_i$$
$$+ \alpha_4 \Delta MVT_i + \alpha_5 \Delta Asset_i + \alpha_6 \Delta ROA_i + \alpha_7 \Delta Lev_i$$
$$+ \alpha_8 \Delta BTM_i + \alpha_9 \Delta Following\_Ans_i + \alpha_{10} \Delta Ret_i$$
$$+ \alpha_{11} \Delta Std\_Ret_i + \varepsilon_i \quad\quad (3.6)$$

对假设 H3 - 3 的检验，我们采用指数包括前后一阶差分变量回归模型：

$$CAR_i = \alpha_0 + \alpha_1 \Delta Illiq\_AM_i + \alpha_2 \Delta AdjPIN_i + \alpha_3 \Delta MVT_i + \alpha_4 \Delta Asset_i + \alpha_5 \Delta ROA_i$$
$$+ \alpha_6 \Delta Lev_i + \alpha_7 \Delta BTM_i + \alpha_8 \Delta Following\_Ans_i + \alpha_9 \Delta Std\_Ret_i$$
$$+ \alpha_{10} Runup_i + \alpha_{11} Age\_Listing_i + \varepsilon_i \quad\quad (3.7)$$

模型（3.5）、模型（3.6）、模型（3.7）时变控制变量的定义具体如表 3 - 3 所示。

表 3 - 3　　　　　　　　　　　　　变量的定义

类别	变量	定义	数据来源
机构持股（%）	*Index_HD*	CSI300 指数基金持有样本公司进入 CSI300 所在季度的普通股数量之和与该公司同季度总股本的百分比	RESSET 基金数据库
	Other_HD	其他机构投资者在观察期内季度持股百分比的平均值	RESSET 机构投资者数据库

续表

类别	变量	定义	数据来源
管理层预测	*Freq_MF*	观察期内业绩预告的次数	RESSET 业绩预告数据库
	Precise_MF	观察期内业绩发布点预测取4、区间预测取3、上下限取2、定性预测取1，然后取平均值	RESSET 业绩预告数据库
	Horizon_MF	观察期内业绩预告日和实际宣告日之间的天数取平均值	RESSET 业绩预告数据库
流动性	*Illiq_AM*	阿米胡德（Amihud，2015）度量的非流动性代理变量，如模型（3.2）所示	CSMAR 股票交易数据库
信息不对称	*AdjPIN*	杜阿尔特和永（Duarte and Young，2009）测度的调整知情交易概率度量，如模型（3.1）所示	CSMAR 高频数据库
控制变量	*MVT*	上一年5月1日到审核年度4月30日或上一年11月1日到审核年度10月31日的日均总市值的自然对数	CSMAR 股票交易数据库
	Asset	观察期内年度总资产的自然对数	CSMAR 财务报表数据库
	ROA	观察期内年度总资产净利润率	CSMAR 盈利能力数据库
	Lev	观察期内年度资产负债率	CSMAR 偿债能力数据库
	BTM	观察期内年度权益账面价值与总市值的比率	CSMAR 财务数据库
	Following_Ans	观察期内首次发布样本公司 EPS 预测的分析师个数	CSMAR 分析师预测数据库
	Ret	观察期内平均日收益率	CSMAR 股票交易数据库
	Std_Ret	观察期内日收益率标准差	CSMAR 股票交易数据库
	Runup	宣布进入 CSI300 前 150 个交易日的收益动量	CSMAR 股票交易数据库
	Age_Listing	上市日与 CSI300 重构日之间天数的自然对数	CSMAR 股票交易数据库

第三节　实证结果和数据分析

一、单变量分析

表3-4描述了样本公司进入 CSI300 主要变量的前后变化，沪深300 指

数基金平均持股比例为 0.507%，在 1% 的显著水平上显著大于零，这个值也约等于沪深 300 指数基金管理净资产规模占沪深 300 指数总市值的 0.51%。从经济含义上看，0.507% 恰好处在阿佩尔等（Appel et al.，2016）拟指数所有权 0.5% ~ 3% 范围的下限，而这个区间内的拟指数所有权能够影响公司的治理选择。但却远远小于舍恩菲尔德（Schoenfeld，2017）S&P500 指数基金所有权 3.9% ~ 12% 的范围。这个数据说明沪深 300 指数基金持股比例偏低，对公司治理影响力可能不强。其他机构持股前后变化的均值为1.545%，在 1% 的显著水平上是显著的。从表 3 – 5 中 DID 变量上看均值为 0.786%，且不显著的，类似舍恩菲尔德（Schoenfeld，2017）0.78% 的结果。说明其他机构投资者在增加持有进入 CSI300 公司的同时也增加持有了控制组公司，双重差分消除了这个时变性。表 3 – 6 显示指数基金所有权与其他机构投资者所有权统计上不相关的，说明相对控制组，指数基金所有权的增加不会导致策略性机构投资增加，消除对指数基金所有权影响的干扰。

表 3 – 4　　　　进入 CSI300 的公司主要变量变化值的统计量

变量	样本数	均值 [−1 年， 0)	均值 [0， 1 年]	均值 增量	标准差	25 分位数	中位数	75 分位数	p 值
Index_HD	342	0.000	0.507	0.507 ***	0.388	0.203	0.424	0.697	< 0.001
Other_HD	342	21.414	22.942	1.545 ***	9.983	− 2.132	0.483	4.344	0.005
Freq_MF	342	2.199	2.342	0.126	1.712	− 1.000	0.000	1.000	0.175
Precise_MF	342	2.204	2.211	0.006	1.539	− 0.250	0.000	0.500	0.939
Horizon_MF	342	101.082	102.359	1.444	117.227	− 35.333	0.000	34.200	0.820
Illiq_AM	342	0.075	0.034	− 0.041 ***	0.111	− 0.043	− 0.008	0.002	< 0.001
AdjPIN	342	0.097	0.083	− 0.014 **	0.047	− 0.034	− 0.008	0.011	< 0.001

注：*、**、*** 分别表示在 10%、5%、1% 显著水平上显著。

表 3 – 5　　　　　　进入 CSI300 的公司主要变量 Diff-in-Diff 值的统计量

变量	样本数	均值	标准差	25 分位数	中位数	75 分位数	p 值
Index_HD	342	0. 507 ***	0. 388	0. 203	0. 424	0. 697	< 0. 001
Other_HD	342	0. 796	11. 041	− 4. 187	0. 578	6. 045	0. 183
Freq_MF	342	0. 225 *	2. 155	− 1. 000	0. 00	1. 000	0. 054
Precise_MF	342	0. 192 **	1. 989	− 0. 900	0. 000	1. 330	0. 075
Horizon_MF	342	0. 495	161. 838	− 63. 000	0. 625	61. 700	0. 955
Illiq_AM	342	− 0. 009	0. 174	− 0. 028	− 0. 001	0. 025	0. 565
AdjPIN	342	− 0. 012 ***	0. 060	− 0. 044	− 0. 008	0. 021	< 0. 001

注：＊、＊＊、＊＊＊分别表示在 10%、5%、1% 显著水平上显著。

表 3 – 6　　　　　　　　　Diff-in-Diff 变量的皮尔逊相关系数

变量	*Other_HD*	*Freq_MF*	*Precise_MF*	*Horizon_MF*	*Illiq_AM*	*AdjPIN*
Index_HD	1					
Other_HD	− 0. 018	1				
Freq_MF	0. 006	0. 024	1			
Precise_MF	0. 014	0. 018	0. 360 *	1		
Horizon_MF	0. 069	− 0. 030	0. 152 *	0. 583 *	1	
Illiq_AM	− 0. 087 *	− 0. 084	0. 043	0. 108 *	0. 024	1
AdjPIN	− 0. 038	0. 090 *	− 0. 099 *	0. 056	0. 006	0. 123 *

注：＊、＊＊、＊＊＊分别表示在 10%、5%、1% 显著水平上显著。

在表 3 – 4 中管理层预测次数平均增加 0. 126[①]，非流动性显著减少 0. 041，信息不对称性显著减少 0. 014。在表 3 – 5 中，相对控制组，管理层预测次数显著增加 0. 225，非流动性减少 0. 009，信息不对称性显著减少 0. 012。在表 3 – 6 中没有发现管理层预测次数与指数基金所有权、

————————

① 虽然在传统的双侧显著水平上不显著，但真值概率 p = 0. 175，在单侧 10% 显著水平上显著，说明增加的幅度还是较大的，仍然具有较强的统计意义和经济意义。

其他机构所有权显著相关，说明二者可能不是导致管理层预测次数增加的原因，平均0.507%、0.786%的所有权影响力太小。但管理层预测次数与信息不对称程度显著负相关，信息不对称程度与非流动性显著正相关，说明管理层预测次数的增加导致信息不对称性减少，进一步导致流动性增加。由于管理层预测精度和及时性在表3-4中显示的统计显著性较弱，不是我们主要的分析对象。

在表3-7中描述了实施组和控制组在窗口期［-1年，0）主要变量均值的比较，发现管理层预测次数、管理层预测及时性、信息不对称性、其他机构投资者这些输出变量在10%的显著水平上不显著的，特别是管理层预测次数初始状态的无差别性对后面研究沪深300指数"包括"的实施效应具有很强的说服力。

表3-7   进入 CSI300 的公司在进入前与控制组比较［-1年，0）

变量	样本数	CSI300 包括组		BILS 匹配控制组		均值增量 t 检验
		均值	标准差	均值	标准差	
Freq_MF	342	2.199	0.091	2.164	0.089	0.275
Precise_MF	342	2.204	0.071	2.371	0.071	− 0.167 *
Horizon_MF	342	101.082	5.534	112.568	5.889	− 11.486
Illiq_AM	342	0.075	0.007	0.127	0.011	− 3.988 ***
AdjPIN	342	0.097	0.002	0.096	0.002	0.354
Other_HD	342	21.414	1.075	19.425	1.092	1.298

注：显著性水平等于0.01、0.05、0.1时，双侧t检验临界值分别为2.590、1.967、1.649。

二、回归结果分析

（一）假设 H3 -1 检验："包括"效应、指数基金所有权与管理层预测

模型（3.5）的回归结果如表3-8所示。

表 3-8 指数基金所有权对管理层预测披露的影响

变量	Freq_MF		Precise_MF		Horizon_MF	
	(1)	(2)	(3)	(4)	(5)	(6)
Intercept	0.201* (1.68)	0.164 (0.79)	0.173 (1.44)	0.108 (0.56)	1.485 (0.15)	-12.331 (-0.79)
Index_HD		0.070 (0.23)		0.124 (0.43)		26.381 (1.13)
Other_HD	0.004 (0.37)	0.004 (0.37)	0.002 (0.24)	0.002 (0.25)	-0.416 (-0.52)	-0.407 (-0.50)
MVT	0.792** (2.34)	0.798** (2.34)	0.219 (0.70)	0.230 (0.73)	5.541 (0.22)	7.755 (0.30)
Asset	-0.432 (-1.04)	-0.433 (-1.04)	0.004 (0.01)	0.009 (0.02)	16.323 (0.52)	16.092 (0.51)
ROA	-1.367 (-0.69)	-1.410 (-0.71)	-1.147 (-0.62)	-1.223 (-0.66)	6.123 (0.04)	-9.984 (-0.07)
Lev	-0.027 (-0.02)	-0.027 (-0.02)	0.067 (0.06)	0.066 (0.06)	-13.834 (-0.16)	-14.031 (-0.16)
BTM	0.772 (1.19)	0.758 (1.16)	-0.401 (-0.67)	-0.425 (-0.70)	5.474 (0.11)	0.361 (0.01)
Following_Ans	-0.007 (-1.08)	-0.007 (-1.09)	0.003 (0.55)	0.003 (0.51)	0.218 (0.43)	0.170 (0.33)
Ret	42.054 (1.58)	41.941 (1.58)	10.406 (0.42)	10.207 (0.41)	288.629 (0.14)	246.238 (0.12)
Std_Ret	-3.020 (-0.92)	-3.072 (-0.93)	-1.452 (-0.47)	-1.545 (-0.50)	173.911 (0.70)	154.186 (0.62)
样本数	342	342	342	342	342	342
Adj. R²	0.024	0.024	0.010	0.010	0.010	0.012

注：最大的方差膨胀因子 VIF =2.22，自变量之间不存在共线性问题；*、**、***分别表示双尾 t 检验在 10%、5% 和 1% 显著水平上显著；括号内为 t 值。

在表 3-8 第（1）列中，取消指数基金所有权变量，模型（3.5）就变为截距型 DID 回归，截距项反映沪深 300 指数的"包括"效应，也就是通常所说的"实施"效应。截距项系数为 0.201（t =1.68），在 10% 的显著水平上是显著的，说明相对控制组，进入沪深 300 指数导致管理层预测披露次数显著增加,证实了假设 H3 - 1a 的结论。在经济意义上表明重构不是无信息的,尽管沪深 300 指数重构是以透明的规则为基础。

在表 3 - 8 第 (2) 列中增加了指数基金所有权,由于指数基金所有权是大于 0 小于 1 的,且在进入沪深 300 指数前为 0,控制组也为 0,所以截距项代表部分 "实施" 效应,而另外部分被指数基金所有权所吸收,指数基金所有权系数反映实施和指数基金所有权的综合影响。指数基金所有权系数为 0.070 (t = 0.23),虽然符号符合预期,但统计上不显著,假设 H3 - 1b 是不成立的。经济意义上也说明平均 0.507% 的所有权对管理层预测披露次数影响较低,发挥的外部治理作用有限,这个和本章第三部分单变量分析结论相一致。在第 (1) 列和第 (2) 列中,没有发现其他机构投资者对管理层预测披露次数产生统计上显著的影响,表 3 - 6 中与指数基金所有权的不相关性,进一步说明指数基金所有权没有通过影响其他机构投资者对管理层披露施加影响。

在表 3 - 8 第 (3) 列、第 (5) 列中,没有发现 "包括" 效应对管理层预测精度、及时性产生显著的影响。在第 (4) 列、第 (6) 列中,也没有发现指数基金所有权、其他机构所有权对管理层预测精度、及时性产生显著的影响。时变的控制变量包括日均总市值 MVT,及反映公司基本特征的变量:年末总资产的对数 $Asset$、总资产收益率 ROA、资产负债率 Lev、反映公司价值的权益账面价值与总市值的比值 BTM。考虑到入选成份股后吸引更多分析师跟踪 (Zhu et al.,2017),分析师预测给公司提供了更多信息生产,影响公司的信息环境 (叶康涛等,2018),所以也增加分析师跟踪 $Following\_Ans$ 作为控制变量。另外考虑到公司股票的市场因素,增加观察期内股票日平均收益和标准差作为控制变量。在表 3 - 8 中,除了第 (1) 列、第 (2) 列的日均总市值 MVT 外,其他的控制变量都没有统计上显著的影响。

(二) 假设 H3 -2 检验:管理层预测、信息不对称与流动性

表 3 -9 反映了模型 (3.6) 的回归结果。

表 3 − 9　　　　　　指数基金所有权对流动性及信息不对称程度的影响

变量	Illiq_AM	AdjPIN	Illiq_AM	Illiq_AM
	(1)	(2)	(3)	(4)
Intercept	0.042 ** (2.55)	− 0.008 (− 1.41)	0.025 ** (2.44)	0.046 *** (2.80)
AdjPIN			0.416 *** (2.65)	0.406 *** (2.59)
Freq_MF	0.002 (0.38)	− 0.003 ** (− 2.00)		
Index_HD	− 0.042 * (− 1.71)	− 0.006 (− 0.72)		− 0.039 * (− 1.66)
Other_HD	− 0.001 (− 1.44)	0.0005 * (1.67)	− 0.001 (− 1.63)	− 0.001 (− 1.62)
MVT	0.036 (1.32)	0.007 (0.71)	0.039 (1.45)	0.036 (1.33)
Asset	0.008 (0.24)	− 0.021 * (− 1.85)	0.015 (0.46)	0.015 (0.47)
ROA	− 0.118 (− 0.74)	0.001 0.02	− 0.146 (− 0.93)	− 0.122 (− 0.78)
Lev	− 0.117 (− 1.31)	0.047 (1.50)	− 0.137 (− 1.53)	− 0.136 (− 1.53)
BTM	0.033 (0.63)	0.025 (1.40)	0.017 (0.33)	0.025 (0.48)
Following_Ans	− 0.001 * (− 1.78)	0.0001 (0.77)	− 0.001 ** (− 2.09)	− 0.001 * (− 1.95)
Ret	6.490 *** (3.07)	0.554 (0.76)	6.317 *** (3.02)	6.385 *** (3.06)
Std_Ret	− 0.247 (− 0.94)	− 0.089 (− 0.98)	− 0.248 (− 0.95)	− 0.219 (− 0.84)
样本数	342	342	342	342
Adj. R^2	0.034	0.039	0.048	0.052

注：最大的方差膨胀因子 VIF = 2.07，自变量之间不存在共线性问题； * 、 ** 、 *** 分别表示双尾 t 检验在 10% 、5% 和 1% 显著水平上显著。

在第（1）列中，管理层预测次数的系数在 10% 的显著水平上不显著，说明相对控制组管理层预测次数对股票流动性没有直接的影响。指数基金所有权的系数为 -0.042（t = -1.71），在 10% 的显著水平上是显著的，说明相对控制组一个标准差指数基金所有权的增加导致 9.37% 标准差股票流动性的增加，小于舍恩菲尔德（Schoenfeld，2017）40.25% 的结果，证实了假设 H3 -2b。其他机构所有权系数统计上不显著，控制变量中分析师跟踪变量系数为 -0.001（t = -1.78），在 10% 的显著水平上显著，说明分析师跟踪增加了公开信息生产，增加股票流动性，这与罗斯通（Roulstone，2003）把分析师作为公开信息提供者的条件下，分析师跟踪与市场流动性正相关的结论相一致。日平均收益的系数为 6.490（t = 3.07），在 1% 的显著水平上显著，这个与李等（Li et al.，2014）非流动性与收益正相关的观点相一致。

表 3 -6 第（2）列中检验了管理层预测次数对信息不对称程度的影响，结果发现管理层预测次数的系数为 -0.003（t = -2.00），在 5% 的显著水平上是显著的，说明相对控制组，一个标准差管理层预测次数的增加导致 10.78% 标准差信息不对称程度的减少。指数基金所有权系数为 -0.006（t = -0.71），虽然统计上不显著但符号符合我们的预期，表明指数基金偏好低的信息不对称性。与这个形成鲜明对比的是，其他机构投资者的系数为 0.0005（t = 1.67），在 10% 的显著水平上是显著的，说明主动型机构投资者偏好高的信息不对称性，利用私有信息谋利，这也迎合了埃德曼等（Edmans et al.，2017）对主动投资者的论断。控制变量中，发现年末总资产的系数为 -0.021（t = -1.85），在 10% 的显著水平上是显著的，说明公司规模越大信息透明度越高。截距项系数为 -0.008（t = -1.41），在 10% 的显著水平上不显著。

表 3 -6 的第（3）列中检验了信息不对称对非流动性影响，信息不对称程度变量的系数为 0.416（t = 2.65），在 1% 的显著水平上显著，表明相对控制组，一个标准差信息不对称性减少导致 14.34% 标准差的股票流动性增加。这个和杜阿尔特和永（Duarte and Young，2009）信息不对称性与非流性正相关的结论相一致。在第（4）列增加指数基金所有权后这个结论仍然成立。根据第（2）列管理层预测次数对信息不对称性程度的影响，发现管理层预测增加通过降低信息不对称性间接地增加市场的流动性，通过这个路径，一个标准差管理层预测次数的增加导致 1.55% 标准差流动性的增加，证实了假

设 H3 –2a。小于舍恩菲尔德（Schoenfeld，2017）一个标准差信息披露得分导致 28.13% 标准差流动性增加的结果。

（三）假设 H3 –3 检验：信息不对称、流动性与累积的非正常收益

这部分首先观察了进入沪深 300 指数引起的超出一般市场水平的股票价格信息反映，我们用非正常收益 AR 或累积的非正常收益 CAR 来度量，然后检验非流动性变化和信息不对称程度变化对累积非正常收益 CAR 的影响。我们用 CAPM 模型计算不同观测期内累积的非正常收益，估计窗口期为 $[-150，-30]$，具体计算方法如模型（3.3）所示，结果如表 3 –10 所示。

表 3 –10　　　市场因子调整的累积非正常收益（CAR）的均值

样本范围	CSI300 包括组	BILS 匹配组	(1) – (2)
	(1)	(2)	
– 10 ~ Anndate	– 0. 010 * （ – 1. 84）	– 0. 017 *** （ – 3. 26）	0. 006 （0. 83）
Anndate	0. 004 ** （2. 28）	– 0. 003 ** （ – 2. 13）	0. 007 *** （3. 12）
Anndate ~ Effdate	– 0. 004 （ – 0. 81）	– 0. 029 *** （ – 5. 42）	0. 025 *** （3. 23）
Anndate ~ Effdate ~ 10	– 0. 016 ** （ – 2. 04）	– 0. 025 *** （ – 3. 20）	0. 009 （0. 84）
Anndate ~ Effdate ~ 30	– 0. 045 *** （ – 3. 79）	– 0. 029 ** （ – 2. 55）	– 0. 016 （ – 0. 98）
Anndate ~ Effdate ~ 60	– 0. 093 *** （ – 5. 15）	– 0. 048 *** （ – 3. 01）	– 0. 045 * （ – 1. 88）
Anndate ~ Effdate ~ 90	– 0. 149 *** （ – 6. 02）	– 0. 086 *** （ – 4. 08）	– 0. 064 ** （ – 1. 97）
Anndate ~ Effdate ~ 120	– 0. 196 *** （ – 6. 15）	– 0. 136 *** （ – 5. 29）	– 0. 060 （ – 1. 47）
Anndate ~ Effdate ~ 150	– 0. 237 *** （ – 6. 14）	– 0. 123 *** （ – 4. 02）	– 0. 114 ** （ – 2. 31）
Anndate ~ Effdate ~ 210	– 0. 329 *** （ – 6. 20）	– 0. 176 *** （ – 4. 31）	– 0. 153 ** （ – 2. 28）

注：Anndate 表示宣布日期，Effdate 表示重构日期，– 10 ~ Anndate 不包括宣布日；* 、** 、*** 分别表示双尾 t 检验在 10%、5% 和 1% 显著水平上显著；括号内为 t 值。

在沪深 300 重构宣布日前 10 个交易日，包括组的 CAR 为 – 0.010（t = – 1.84），匹配组的 CAR 为 – 0.017（t = – 3.26），二者的差值为 0.006（t = 0.83），在 10% 的显著水平上是不显著的，说明宣布前市场对即将进入沪深 300 指数的公司是不知情的。尽管公开透明的规则相对 S&P500 指数、MSCI 指数重构增加了重构的可预测性，但对一般中小投资者来说还是没有预期的。在宣布日包括组的非正常收益 AR 为 0.004（t = 2.28），在 5% 的显著水平上是显著的，这个和王等（Wang et al.，2015）0.005 的宣布期非常收益略低点。控制组在宣布日的非正常收益为 – 0.003（t = – 2.13），在 5% 的显著水平上是显著的。而在宣布日到重构日之间，包括组的 CAR 为 – 0.004（t = – 0.81），匹配组的 CAR 为 – 0.029（t = – 5.42），说明进入沪深 300 指数公司在宣布日后价格发生反转，这个和王等（Wang et al.，2015）发现符合价格压力假设的结论是一致的，不满足向下倾斜的需求曲线假设（Shleifer，1986）。我们发现控制组并不存在价格的反转效应，而是 CAR 的持续下降。从宣布日到重构日后的各个观察期内，包括组和实施组的 CAR 存在持续性的下降，相对控制组，包括组下降的趋势在显著的增大①。王等（Wang et al.，2015）解释这个现象是因为沪深 300 包括前的收益动量，我们把收益动量作为控制变量后，检验非流动性、信息不对称性对 CAR 的影响。

表 3 – 11 反映了模型（3.7）的回归结果。第（1）列检验了非流动性对 CAR 的影响，非流动性变量系数为 2.457（t = 5.42），在 1% 的显著水平上是显著的，表明一个标准差流动性增加导致长期的累积非正常收益减少 27.27%。第（2）列检验了信息不对称性对 CAR 的影响，信息不对称性变量系数为 1.795（t = 1.66），在 10% 的显著水平上显著，表明一个标准差信息不对称性减少导致长期的累积非正常收益减少 8.44%。在第（3）列检验了

---

① 陈等（Chen et al.，2016）利用沪深 300 指数总收益作为个股的期望收益，计算累积的非正常收益，发现进入沪深 300 指数公司的存在持续性正的累积非正常收益，而删除的公司存在先负后正的反转效应，用莫顿的投资者认知理论解释了持续性正的累积非正常收益的原因，这个结论和陈等（Chen et al.，2004）在 S&P500 背景下得到的结论是一致的。该累积非正常收益的算法其实是假设 $\hat{\alpha} = 0$，$\hat{\beta} = 1$ 情况下，CAPM 模型的特殊情况。为了使结果更具一般性，本书选择 CAPM 模型计算 CAR。

表 3 – 11 　　　　　　　　　　　　　　**CAR 的多元回归分析**

变量	CAR_CSI300			CAR_BILS		
	(1)	(2)	(3)	(4)	(5)	(6)
Intercept	- 0. 225 (- 0. 68)	- 0. 584 * (- 1. 72)	- 0. 270 (- 0. 81)	0. 014 (0. 03)	- 0. 095 (- 0. 22)	0. 006 (0. 01)
Illiq	2. 457 *** (5. 42)		2. 397 *** (5. 24)	0. 394 (1. 53)		0. 361 (1. 38)
Adj*PIN*		1. 795 * (1. 66)	1. 017 (0. 95)		1. 020 (0. 96)	0. 743 (0. 69)
MVT	- 0. 171 (- 1. 35)	- 0. 194 (- 1. 48)	- 0. 170 (- 1. 35)	- 0. 162 (- 1. 34)	- 0. 166 (- 1. 37)	- 0. 161 (- 1. 32)
Asset	- 0. 055 (- 0. 24)	- 0. 052 (- 0. 22)	- 0. 035 (- 0. 15)	- 0. 177 (- 0. 88)	- 0. 137 (- 0. 68)	- 0. 166 (- 0. 82)
ROA	0. 407 (0. 31)	0. 460 (0. 34)	0. 369 (0. 28)	0. 158 (0. 17)	0. 079 (0. 09)	0. 166 (0. 18)
Lev	- 0. 266 (- 0. 42)	- 0. 219 (- 0. 34)	- 0. 288 (- 0. 46)	- 0. 020 (- 0. 04)	- 0. 110 (- 0. 20)	- 0. 035 (- 0. 06)
BTM	- 0. 282 (- 1. 05)	- 0. 030 (- 0. 11)	- 0. 270 (- 1. 00)	- 0. 052 (- 0. 24)	- 0. 019 (- 0. 09)	- 0. 063 (- 0. 29)
Following_Ans	0. 002 (0. 81)	0. 002 (0. 57)	0. 002 (0. 75)	0. 002 (0. 61)	0. 002 (0. 55)	0. 002 (0. 57)
Std_Ret	4. 838 *** (4. 64)	4. 945 *** (4. 56)	4. 869 *** (4. 66)	23. 366 *** (6. 47)	23. 871 *** (6. 55)	23. 675 *** (6. 50)
Runup	- 0. 012 *** (- 2. 75)	- 0. 012 *** (- 2. 71)	- 0. 012 *** (- 2. 73)	- 0. 018 ** (- 2. 35)	- 0. 017 ** (- 2. 26)	- 0. 017 ** (- 2. 30)
Age_Listing	0. 022 (0. 51)	0. 059 (1. 32)	0. 029 (0. 66)	- 0. 007 (- 0. 12)	0. 004 (0. 07)	- 0. 006 (- 0. 11)
样本数	342	342	342	342	342	342
Adj. R^2	0. 160	0. 092	0. 159	0. 112	0. 108	0. 110

　　注：最大的方差膨胀因子 VIF = 2. 31，自变量之间不存在共线性问题；CAR 为从宣布日到有效日及有效日后 210 个交易日的累积非正常收益；*、**、*** 分别表示双尾 t 检验在 10%、5% 和 1% 显著水平上显著；括号内为 t 值。

非流动性变量和信息不对性变量共同对 CAR 的影响，发现非流动性变量系数仍然是正显著的，而信息不对性变量系数的统计显著性减弱，但符号仍然符合我们的预期。而在第（4）列、第（5）列、第（6）列中，对于 BILS 匹配的控制组的 CAR，没有发现统计上的显著性，证明假设 H3 - 2 结论的成立。控制变量中，事前收益动量变量 *Runup* 的系数负显著的，这个和王等（Wang et al.，2015）的结果类似。说明沪深 300 指数包括组长期累积非正常收益的持续下降，不仅仅是因为事前动量的影响，流动性增加、信息不对称程度的下降也是两个重要因素，是对王等（Wang et al.，2015）的补充。日收益标准差变化的系数是正显著的，未列表数据显示包括组的日收益标准差变化为 - 0.015，*BILS* 匹配的控制组日收益标准差变化为 - 0.002，说明日收益标准差的减少也会导致累积非正常收益减少。洛茨和韦雷基亚（Leuz and Verrecchia，2000）把日收益标准差作为公司信息透明度的一个代理变量，在本书也发现与信息不对称程度度量 Adj*PIN* 有类似的功能。

第四节　样本子期的稳健性检验

考虑到中国的股权分置改革在 2005 年 4 月 29 日进行试点，在 2005 年 8 月正式开始，2006 年底基本完成改革。而沪深 300 指数在 2005 年 4 月 8 日正式发布，有两年的重合期，虽然前面我们采用了 DID 变量的回归，解决了遗漏变量问题，为了稳健性我们选择样本期从 2008 年开始。另外，根据图 1 - 1，沪深 300 指数基金管理净资产占股票型基金管理净资产的比重 2007 ~ 2014 年一直维持在 42% 左右，2015 ~ 2017 年下降到 25% 左右。考虑到指数基金所求权持股比例的稳定性，我们删除原样本中 2015 年、2016 年、2017 年的样本，所以我们获得从 2008 ~ 2014 年的子样本，涉及 193 家实施公司和控制公司。

对子样本分别进行模型（3.5）、模型（3.6）、模型（3.7）回归，得到如表 3 - 12 至表 3 - 14 所示的结果。在表 3 - 12 中，除了管理层预测次数的"实施"效应统计显著性减弱、指数基金所有权对管理层预测精度、管理层预测及时性的统计显著性增强外，其他和表 3 - 8 的结果类似，仍然支持假设 H3 - 1a，否定假设 H3 - 1b。表 3 - 13 中，指数基金所有权对流动性影响统计显著性减弱，但符号仍符合我们的预期，支持假设 H3 - 2b。其他的与表 3 - 9 类似，支持假设 H3 - 2a。表 3 - 14 中，对于实施组，信息不对称程度变量对 CAR 的影响统计显著性减弱，而对控制组统计显著性增强，其他的与表 3 - 11 类似，仍支持假设 H3 - 3。

表 3 - 12　　　样本子期指数基金所有权对管理层预测披露的影响

变量	*Freq_MF*		*Precise_MF*		*Horizon_MF*	
	（1）	（2）	（3）	（4）	（5）	（6）
Intercept	0.249 (1.45)	0.258 (0.74)	0.076 (0.51)	- 0.406 (- 1.36)	- 6.277 (- 0.47)	- 51.139 * (- 1.90)
Index_HD		- 0.012 (- 0.03)		0.673 * (1.86)		62.655 * (1.92)
Other_HD	0.021 (1.25)	0.021 (1.24)	0.003 (0.22)	0.002 (0.13)	- 1.539 (- 1.19)	- 1.650 (- 1.29)
Controls 表 3 - 8	Yes	Yes	Yes	Yes	Yes	Yes
样本数	193	193	193	193	193	193
Adj. R^2	0.023	0.018	0.024	0.042	0.038	0.057

注：*、**、***分别表示双尾 t 检验在 10%、5% 和 1% 显著水平上显著；括号内为 t 值。

表 3 - 13　　样本子期指数基金所有权对流动性及信息不对称程度的影响

变量	*lliq_AM*	AdjPIN	Illiq_AM	Illiq_AM
	（1）	（2）	（3）	（4）
Intercept	0.002 (0.18)	- 0.012 (- 1.44)	0.001 (0.18)	0.004 (0.29)
AdjPIN			0.101 * (1.91)	0.100 (1.59)
Freq_MF	0.0005 (0.19)	- 0.002 * (- 1.83)		
Index_HD	- 0.004 (- 0.25)	- 0.002 (- 0.20)		- 0.003 (- 0.24)
Other_HD	- 0.0006 (- 1.08)	0.0002 (0.64)	- 0.0006 (- 1.12)	- 0.0006 (- 1.10)
Controls 表 3 - 9	Yes	Yes	Yes	Yes
样本数	193	193	193	193
Adj. R^2	0.078	0.061	0.087	0.082

注：*、**、***分别表示双尾 t 检验在 10%、5% 和 1% 显著水平上显著；括号内为 t 值。

表3-14   样本子期 CAR 的多元回归分析

变量	CAR_CSI300			CAR_BILS		
	(1)	(2)	(3)	(4)	(5)	(6)
Intercept	−0.276 (−0.67)	−0.238 (−0.56)	−0.293 (−0.70)	0.245 (0.52)	0.171 (0.36)	0.188 (0.40)
Illiq	3.790* (1.83)		3.712* (1.77)	0.830 (1.13)		0.729 (1.00)
AdjPIN		0.745 (0.52)	0.341 (0.24)		2.694* (1.93)	2.590* (1.85)
Controls 表3-11	Yes	Yes	Yes	Yes	Yes	Yes
样本数	193	193	193	193	193	193
Adj. R²	0.241	0.228	0.237	0.121	0.132	0.132

注：*、**、*** 分别表示双尾 t 检验在 10%、5% 和 1% 显著水平上显著；括号内为 t 值。

第五节　本章小结

在沪深 300 指数重构的背景下，以进入沪深 300 指数的公司为样本，然后采用 BILS 匹配控制组，采用扩展的斜率型 DID 检验了指数基金所有权对管理层预测、流动性影响，以及管理层预测对信息不对称程度、流动性的影响。结果发现对股票流动性的影响存在两条路径：第一条路径是指数基金所有权无策略的再平衡交易增加了持有股票的流动性，数量上一个标准差指数基金所有权的增加导致 9.37% 标准差股票流动性的增加，我们把这个影响称为无信息生产的流动性增加；第二条路径是管理层预测次数的增加显著地较少市场信息不对称程度，进一步增加了股票流动性，存在管理层预测次数对流动性的间接影响，数量上一个标准差管理层预测次数的增加导致 1.55% 标准差流动性的增加，我们把这个影响称为有信息生产的流动性增加。

遗憾的是我们没有发现指数基金所有权对管理层预测次数的显著影响，而管理层预测次数的增加主要因为进入沪深 300 指数的"包括"效应，也就是说进入指数公司知名度提高，市场关注度增加，市场的监督增加了管理层

预测次数。数量上指数所有权持股比例平均值为 0.507%，处在阿佩尔等
（Appel et al.，2016）在罗素 1000/2000 指数调整背景下具有公司治理效应的
拟指数所有权 0.5% ~ 3% 范围的下限，但却远远小于舍恩菲尔德（Schoen-
feld，2017）S&P500 指数基金所有权 3.9% ~ 12% 的范围。所以沪深 300 指
数基金所有权持股比例的偏低，导致通过"话语权""投票权"参与公司治
理的影响较弱。主要外部机构投资者参与公司治理意愿的丧失，对提高公司
治理质量、增加自愿性披露、改善公司信息环境是不利的，对这个内生性监
督机制缺失的完善是我们欠发达资本市场需要努力的。

第四章

股票流动性与公司资本投资

在宏观经济层面，投资是拉动经济增长的三大引擎之一（即消费、投资和进出口）。在微观经济层面，公司投资是公司金融长期讨论的热门话题，它将融资活动与资本配置联系起来，并决定企业未来的现金流和盈利能力，从而成为企业成长的基础。在 MM 理论的完美世界中，投资政策完全取决于一个公司的投资机会。然而，在现实世界中存在如信息不对称和信息不确定等摩擦，可能会阻止公司进行最佳投资。管理者和股东之间的信息不对称可能导致逆向选择，进而导致无效投资。关于代理成本，所有权和经营权的分离造成了股东和管理者之间的利益冲突，产生代理问题。管理者也试图通过投资来追求自己的私人利益，从而导致管理者商业帝国的建立和过度投资。公司治理是企业资本提供者保证其投资收益的方法，因此好的公司治理会制约管理者的自私行为，有助于提高公司投资效率。本章从微观资本市场角度研究股票流动性对公司投资的影响，在国内制度背景下，随着中国资本市场上产权制度逐步市场化改革，股票流动性越来越强，关系到资本市场效率，影响到公司的真实经济活动，探索股票流动性对公司资本投资政策变化的影响是目前金融研究的一个重要主题。

第一节 文献回顾与研究假设

研究表明，较高的股票流动性降低了二级市场的投资风险。具体而言，股票流动性刺激了知情投资者的进入，使股票价格更能为利益相关者提供信息。因此，较高的流动性可以增加股票价格的信息含量，从而使投资者承担较低的风险，要求较少的回报（Fang et al.，2009）。另外，流动性较低的股票与较高的发行成本和交易成本相关。投资者不仅要求补偿他们承担的风险，还要求补偿他们在买卖股票时产生的交易成本。流动性较低的公司具有较高的外部融资隐性成本，包括较高的投资银行费用（Butler et al.，2005）和更高的权益成本（Lipson and Mortal，2009）。综合来看，股票流动性作为必要收益率的决定因素（Acharya and Pedersen，2005），它的增加降低了资本成本（Lambert and Verrecchia，2015；Belkhir et al.，2018）、扩大了可盈利的投资机会、增加了公司的投资（Becker-Blease and Paul，2006；Derrien and Kecskes，2013）、提高了公司的价值（Fang et al.，2009）。例如，贝克尔·布利斯和保罗（Becker-Blease and Paul，2006）在 S&P500 指数重构背景下，采用进入指数产生外生性流动冲击检验股票流动性对公司投资机会的影响，发现股票流动性与公司资本支出是正相关的，表明流动性增强事件降低了资本成本有利于可行的增长机会的增加。德里安和凯克斯（Derrien and Kecskes，2013）利用券商的关闭和合并作为分析师跟踪减少的外生性冲击，结果发现分析师跟踪的减少增加了信息的不对称，从而增加了资本成本，导致公司减少了他们的投资和融资。因为资本成本的增加导致项目的盈利能力减少，所以最优投资量减少；同样相对内部融资成本，外部融资成本的增加导致最优外部融资也减少。在中国制度背景下，经济改革以市场化和产权改革为基础，而国有产权和利率管制被认为是影响企业投资低效及投资对资本成本不敏感的重要制度因素。徐明东和田素华（2013）使用1999～2007年全部国有企业及规模以上工业企业数据库检验企业投资对资本成本的敏感性，发现在政府仍然对国有企业有较强干预和保护背景下，相比市场化改革，产权改革显著提高了企业投资的资本成本敏感性。这也说明在中国资本市场上随着产权制度的改革，资本成本的高低对企业投资存在显著影响。在中国股权分置改革背景下，徐等（Hsu et al.，2018）研究发现股票流动性是影响公司风险承担的一个重要因素，股票流动性的增加通过降低资本成本和增加管理层绩效薪酬敏感性影响公司风险承担。陈和林（Chen and Lin，2016）也发现进入沪深300指数后三年期内融资活动比进入前三年期内融资活动平均增加了20%，债务融资平均增加了15%，权益融资平均增加了9%。根据前面的检验发现进入沪深300指数后股票的流动性增加，指数再平衡交易导致的无信息生产的流动性增加，或者管理层预测次数的增加导致有信息生产的股票流动性增加。所以我们预测新进入沪深300指数的公司会增加资本支出。本章提出如下假设：

H4-1：进入沪深300指数后公司会增加资本支出，股票流动性与公司资本支出正相关。

第二节　实 证 分 析

在表4-1中，分别反映了重构后一年资本支出、固定资产净值及研发费用与重构前一年相比较的差值及BILS匹配后的双重差分值，计算方法如模型（3.2）。由于金融行业的投资与非金融行业不同，我们从342个样本中删除29个从事资本市场服务的金融公司，获得313个样本。水平资本支出均值的双重差分值为9838.4万元，在5%的显著水平上是显著的。通过上一年年末总资产标准化后，双重差分值为0.0102，在10%的显著水平上是显著的。这个结论符合我们的预期，说明进入沪深300指数后公司确实增加了它们的资本投资。固定资产净额的双重差分值符号是正的，但在传统的显著水平上是不显著的。由于研发支出（*R&D*）数据来自国泰安（CSMAR）财务报表附注研发支出数据库，仅得到44个观测值，重构后一年通过上一年年末总资产标准化后与前一年相比较在1%的显著水平上是显著的。

表 4-1   资本支出

变量	类别	样本数（个）	CSI300包括组均值变化 (1)	BILS 匹配组均值变化 (2)	(1) - (2)
CAPX	*Level*	313	165412422 *** (3. 25)	44118553 ** (2. 29)	98383518 * (1. 69)
	Level/Asset$_{t-1}$	313	0. 0185 *** (5. 15)	0. 0083 ** (2. 38)	0. 0102 ** (2. 01)
PPE	*Level*	313	225100320 * (1. 88)	75803770 ** (2. 50)	166335413 (1. 31)
	Level/Asset$_{t-1}$	313	0. 0156 *** (2. 63)	0. 0086 (1. 37)	0. 0077 (0. 83)
R&D	*Level*	44	35371948 (1. 32)	—	—
	Level/Asset$_{t-1}$	44	0. 0007 *** (3. 14)	—	—

注：*、**、*** 分别表示双尾 t 检验在10%、5%和1%显著水平上显著；括号内为 t 值；剔除了金融行业。

为了进一步检验股票流动性对公司资本投资的影响，本书分别采用一阶差分模型和经 BILS 匹配的二阶差分模型进行多元回归分析，结果如表4-2所示。表4-2的第（1）列和第（2）列为一阶差分结果，被解释变量为进入沪深300指数后公司资本投资经上一年年末总资产标准化后与前一年对应变量的差值，主要解释变量为股票流动性 *Illiq_AM*，用阿米胡德（Amihud，2002，2015）的非流动性代理，如模型（3-2）所示。该指标越大股票流动性越弱；反之，股票流动性越强。这里使用进入沪深300指数后一年期的公司股票非流动性与前一年期的差值。第（1）列 *Illiq_AM* 的回归系数为 -0. 043（t = -1. 77），在10%的显著水平上是显著的，从经济含义上讲股票流动性的增加导致公司资本投资的增加，符合我们的预期。控制变量也为一阶差分变量，分别为日均总市值 *MVT*、总资产收益率 *ROA*、资产负债率 *Lev*、反映公司价值的权益账面价值与总市值的比值 *BTM*、现金流 *Cash* 及观察期内股票日平均收益 *Ret*，其中日均总市值 *MVT*、资产负债率 *Lev*、公司价值 *BTM* 与公司资本投资显著正相关。第（2）列加入指数基金所有权 *Index_HD* 和其他机构所有权 *Other_HD* 后，*Illiq_AM* 的回归系数为 − 0. 060（t = − 1. 80），在 10% 的显著水平上也是显著的。

表 4 − 2 　　　　　　　　　股票流动性对公司资本投资的影响

变量	一阶差分回归		二阶差分回归	
	（1）	（2）	（3）	（4）
Intercept	0. 008 (1. 33)	0. 017 ** (2. 46)	− 0. 0001 (− 0. 03)	0. 003 (0. 42)
Illiq_AM	− 0. 043 * (− 1. 77)	− 0. 060 * (− 1. 80)	− 0. 047 * (− 1. 69)	− 0. 044 * (− 1. 75)
Index_HD		0. 016 * (1. 80)		0. 006 (− 0. 54)
Other_HD		0. 0005 (1. 33)		− 0. 0003 (− 0. 71)
MVT	0. 038 *** (4. 82)	0. 038 *** (4. 75)	0. 082 *** (6. 99)	0. 083 *** (7. 00)
ROA	0. 086 (0. 96)	0. 078 (0. 88)	0. 100 (1. 26)	0. 102 (1. 28)
Lev	0. 169 *** (3. 93)	0. 169 *** (3. 93)	0. 138 *** (3. 12)	0. 139 *** (3. 13)
BTM	0. 059 *** (3. 03)	0. 060 *** (3. 10)	0. 063 ** (2. 53)	0. 064 ** (2. 57)
Cash	0. 004 (1. 41)	0. 005 (1. 60)	0. 010 *** (2. 99)	0. 011 *** (3. 05)
Ret	− 0. 783 (− 1. 15)	− 0. 761 (− 1. 12)	− 2. 28 (− 2. 37) **	− 2. 270 ** (− 2. 34)
样本数	313	313	313	313
Adj. R^2	0. 108	0. 116	0. 179	0. 175

注：*、**、***分别表示双尾 t 检验在 10%、5% 和 1% 显著水平上显著；括号内为 t 值；剔除了金融行业。

表4-2的第（1）列和第（2）列为二阶差分结果，二阶差分变量是先对实施组一阶差分，然后减去经 BILS 匹配的控制组的一阶差分。通过双重差分拟消除实施公司和控制公司的确定效应和时变效应，也消除了管理层通过披露使公司进入指数的疑虑，因为实施组公司和控制组公司来自相同板块、相同行业，市值靠近，他们都可能采用相似的行为进入指数，双重差分可以控制这个效应。第（3）列双重差分变量 $Illiq\_AM$ 的回归系数为 -0.047（t = -1.69），在10%的显著水平上也是显著的。第（4）列加入指数基金所有权 $Index\_HD$ 和其他机构所有权 $Other\_HD$ 后，$Illiq\_AM$ 的回归系数为 -0.044（t = -1.75），在10%的显著水平上也是显著的。这个结果符合预期，说明进入沪深300指数后股票流动性的增加积极地影响公司资本支出，产生真实的经济后果。

第三节 本章小结

本章以沪深300指数重构为背景，从微观资本市场角度研究股票流动性对公司资本投资的影响，发现进入沪深300指数后公司增加了它们的资本投资，而股票流动性增加是资本投资增加的一个重要影响因素。本章的结论也支持股票流动性相关于真实的经济活动的观点，说明提高股票流动性对建立高质量资本市场的意义重大。第一，从代理理论上看，股票流动性增加可以减少大股东的监督成本，减少小股东"搭便车"问题，提高公司治理效率。第二，从外部融资角度看，股票流动性增加降低了资本成本，导致公司偏好发行股票融资，从而降低了财务杠杆率。第三，从公司绩效上看，股票流动性提升刺激了知情投资者的进入，这使得股票价格对利益相关者更具有信息，从而改善了运营结果，放松了财务约束，提升了公司价值。第四，从经济增长角度看，股票流动性的提高增加了公司资本投资，从而促进经济的发展，也揭示了建立有效的资本市场可以刺激长期经济增长，为实体经济发展服务。

第五章

公司资本投资的同群效应

同群效应（peer effects）是指处在相似行业、相似组织或者具有其他相似特征的群体内个体间互动行为产生的交叉影响，具有放大器的效果，也称为社会学习（social learning）或社会传染（social contagion）。群的构成根据监管者或研究者需要，对样本有目标地进行分类，体现群内成员真实的经济联系，能迅速地反映公司个体特征或经济结构的变化。最常见的是行业同群，主要根据公司的主营业务类型进行分类，例如，国民经济行业分类、中国证监会的行业分类等。利里和罗伯茨（Leary and Roberts，2014）用行业内同群效应解释行业内杠杆比率的相关性。劳和苏菲（Rauh and Sufi，2012）把一个公司产品市场的竞争者构成一个集合研究同群公司资本结构的解释力，说明生产相似产品的公司有类似的资产，是资本结构的一个重要决定因素。除了行业界定外，考斯蒂宁和兰塔拉（Kaustia and Rantala，2015，

2019）用共同卖侧分析师跟踪的公司构建同群组，反映比行业分类更加同质的经济相关性。又如，共同大股东持有的公司，反映了大股东的经济利益关系，导致公司间存在信息传输渠道（Massa and Zaldokas，2017）、风险分担机制（韩鹏飞等，2018）、资源的协调配置（潘怡麟等，2018）。

近年来同群效应在公司治理领域受到越来越多的关注，从影响方向上我们归结为两类。第一类同群之间的相互影响。例如，董事会结构的同群影响（Yadav and Shanker，2015），高管同群网络对高管薪酬和并购策略的影响（Shue，2013），同群公司股票价格的学习对公司投资的影响（Foucault and Fresard，2014），同群公司对公司资本结构和财务决策的影响（Leary and Roberts，2014）。董等（Duong et al.，2015）检验了行业同群对债务到期日的影响，乔等（Joo et al.，2016）研究了制造业公司现金持有政策对公司囤积现金的影响。第二类同群之间的某个个体的先行行为对群内其他个体产生的影响。例如，考斯蒂宁和兰塔拉（Kaustia and Rantala，2015）研究了股票分割的同群效应，且分割概率随着分割公司宣布期收益的增加而增加；格伦南（Grennan，2019）研究了股利的同群效应；伯德等（Bird et al.，2018）研究了一个公司的避税行为对同群公司的影响；贝蒂等（Beatty et al.，2013）和李（Li，2016）研究了公司会计欺诈对同群投资的影响；刘等（Liu et al.，2018）证实同群效应是决定公司作出自愿性披露决策的一个重要因素。本书以第二类文献为线索，在沪深 300 指数重构的自然实验背景下，检验进入沪深 300 公司（称为领导公司）的资本投资对非沪深 300 指数公司的行业同群（称为跟随公司）①的资本投资产生的影响。我们研究的问题虽然相关于资本投资的同群效应，但不同于上述财务欺诈产生的信息扭曲对同行投资的影响，也不同于同行投资的交互影响（Chen and Ma，2017），更不同于公司水平投资决策因素的影响（Hubbard，1998；Richardson，2006）。

---

① 沪深 300 指数以非 ST、非*ST、非暂停上市股票为样本空间，计算最近一年（新股上市第四个交易日以来）的日均成交金额与日均总市值。日均成交金额由高到低排名，剔除排名后 50% 股票，然后按日均总市值由高到低排名选取前 300 名股票为指数样本。所有每次重构进入沪深 300 指数的公司的市值要大于没进入的市值，进入的我们称为领导公司，其他没进入的行业同群公司我们称为跟随公司。

同群效应研究遇到最棘手的问题是分离同群行为和特征，解决内生性选择或遗漏变量对同群组起决定性作用的共同输出变量问题（Manski，1993）。上述第一类文献大多采用正交于市场、行业的特质股票收益、特质风险或滞后一期的变量作为工具变量识别内生性问题。第二类文献主要以事件为背景，采用 DID、RDD 或含确定效应的面板数据回归来识别共同冲击或不可观测的异质因素。本章以沪深 300 指数重构事件为背景，采用滞后变量和被动指数所有权为工具变量来解决遗漏变量问题。以沪深 300 指数重构事件为背景还体现以下三个方面的优势：第一，沪深 300 指数行业分布覆盖面宽，能反映 A 股整体市场运行情况，成为众多基金投资业绩的评价标准和投资标的，同时也是金融衍生产品创新的重要标的。进入沪深 300 指数的公司提高了公司知名度和投资者认知能力，受到市场的广泛关注。第二，从我们的样本统计上看，进入沪深 300 指数的公司上市时间平均为 7.82 年，上市时间短，成长性强，市值比较大，成为行业的标杆和领头羊。以上两点特征奠定了我们把进入沪深 300 指数的公司作为行业领导者的基础。第三，当公司进入沪深 300 指数后，沪深 300 指数基金被动地分配给成份股所有权头寸，由于指数基金的同质性，所有的沪深 300 指数基金累积起来相当于一只基金。我们选取进入季度指数所有权持股比例为工具变量，指数所有权持股比例的大小相关于公司的基本面，由于被动分配的性质短期内与市场、行业等共同因素是正交的，所以排除了遗漏的共同因素的影响，满足工具变量的基本要求。

行业同群间公司的资本投资也会存在社会学习效应或模仿行为，原因在于公司可能模仿行业领导者的投资行为避免落后他们的竞争对手，或者认为他们拥有私有前瞻信息（Lieberman and Asaba，2006）。任何投资决策都存在风险或不确定性，管理层采取行动，结果依赖于未来环境状态，虽然未来环境状态发生概率能够估计出来，但实际产出仍然是不确定的。在不确定或模糊的环境中，管理层特别可能模仿行业同群的投资行为，目的追赶领导公司的产出，维持自己的竞争地位，避免落伍或自己的市场份额被掠夺；或者因为管理层已经感知了行业领导公司行动的信息，尽管是不完全信息，但对管理层的行业前景的认知、判断产生较强的影响。例如，蒙牛 2005 年推出"特仑苏牛奶"品牌，伊利 2006 年也推出"经典牛奶"品牌；伊利 2009 年推出营养早餐奶，最大的竞争对手蒙牛 2013 年也积极地推出蒙牛早餐奶。这个产品市场公司模仿的例子说明蒙牛在保持自己竞争地位同时，也在向消费者传达自己公司的品质。又如，家电行业两大公司格力和美的，也存在相互学习行为。美的集团通过国内外的收购实现了多元化的发展，营业收入稳步上升，2017 年突破 2000 亿元。格力电器近年来也在寻求多元化发展道路，但对外收购以失败而告终，2017 年营业收入没有突破 1500 亿元。而当格力电器宣布 2023 年实现营业收入 6000 亿元目标后，美的随后宣布下一个目标要实现营业收入和公司市值双 5000 亿元的目标。我国互联网第三方支付也存在激烈的竞争行为。阿里以支付宝为平台率先推出声波支付、余额宝等，腾讯以微信为载体推出扫码支付、微信红包等，并迅速占领第三方支付领域，而随后阿里也在支付宝中推出扫码支付，形成"攻击 – 回应"的竞争行为（程聪等，2015）。

本章以 2005 年 7 月 ~ 2016 年 6 月第一次进入沪深 300 指数，且进入前至少上市一年，进入后在指数中至少存在一年，剔除掉金融行业后 303 个指数成份股公司为领导公司。行业根据中国证监会《上市公司行业分类指引（2012 年版）》，制造业取前两位代码、其他行业取前一位代码，共涉及 37 个行业，208 个行业年观测值。我们希望能正确地控制影响公司资本投资的任何行业趋势，如果行业定义太大，可能不能适当地拟合行业趋势；如何行业定义太小，没有足够的行业年观测值构建类似规模的同群组。在重构年按照重构规则，在行业内取日均总市值离领导公司最近的 5 个公司为行业同群公司（跟随公司）。我们的回归结果表明跟随公司对领导公司的资本投资存在显著的响应，一个标准差领导公司的资本投资导致 73.37% 标准差跟随公司的资本投资。进一步，我们把领导公司替换为已经存在沪深 300 指数，日均市值邻近领导公司的公司，结果没有发现显著的统计结果，而相对应的领导公司仍然对跟随公司的资本投资产生显著的影响，说明跟随公司对重构年份新进入的领导公司存在资本投资的学习效应，而不是学习已存在沪深 300 指数的公司。

本章的贡献主要体现在以下两个方面：第一，本章的研究相关于公司的资本投资文献，不同于哈伯德（Hubbard，1998）、理查森（Richardson，

2006）研究的公司水平投资的决定因素——成长机会、财务杠杆、现金持有、上市时间、公司规模、股票收益等。也不同于贝蒂等（Beatty et al.，2013）和李（Li，2016）研究的公司会计欺诈对同群投资的影响，及同群公司股票价格的学习对公司投资的影响（Foucault and Fresard，2014）。我们以事件为基础，研究领导公司的资本投资对跟随公司的投资冲击。第二，采用被动指数所有权为工具变量识别内生性问题，解决遗漏的共同变量，区分领导公司的投资行为和同群公司的特征对跟随公司的投资影响，我们的工具变量不同于传统的特质权益收益冲击或特质风险。

第一节　文献回顾与研究假设

一、文献回顾

公司的投资决策分析是宏观经济、行业组织、公司金融研究的一个重要领域。在宏观经济领域，讨论政策问题，例如，货币政策、税收政策对公司投资的影响。在微观公司金融领域，研究公司投资水平的决定因素，例如，融资约束（Love，2003；Nini et al.，2009；Mensa and Ljungqvist，2015）、外部融资依赖（Rajan and Zingales，1998）、公司现金流（Hubbard，1998；Richardson，2006）、会计稳健性（Lara et al.，2015）等。

公司的投资决策除受到上述宏观政策、融资环境、公司特征、会计政策影响外，还受到行业同群行为的影响。福柯和弗雷萨尔（Foucault and Fresard，2014）研究发现公司管理层从行业同群股票价格学习信息，决策自己公司的投资，一个标准差行业同群股票价值增加导致 5.9% 的投资增加，并且当公司股票价格信息含量较低或管理层较少信息时相关性加强，公司产品相关性强度对股票价格信息具有替代作用。巴德斯切尔等（Badertscher et al.，2013）发现上市公司越多的行业，针对它们的投资机会，非上市公司投资响应越强烈，在信息质量高的行业、投资不可逆转的行业，上市公司出现的影响较大。这个研究表明上市公司通过减少行业的不确定性产生正的外部性，促进更加有效的非上市公司投资。贝蒂等（Beatty et al.，2013）研究了高调的会计欺诈对行业同群投资的影响，发现在欺诈期同群公司通过增加投资响应欺诈的财务报告，在此过程中分析师促进了盈余夸大的溢出效应。李（Li，2016）扩展了贝蒂等（Beatty et al.，2013）的研究，发现欺诈的财务报告不仅扭曲了行业同群的资本投资，还影响了行业同群的研发支出、广告费支出和价格策略，欺诈的财务报告产生的扭曲效应是大的、普遍的。

针对产生同群效应的学习机制，模仿行为的经济学原理认为是信息为基础的理论和竞争为基础的理论（Lieberman and Asaba，2006）。信息为基础的理论认为，信息的不完全是学习行为的主要原因。在不确定或模糊的环境中，管理层不能很自信评估行动和产出的关系，他们也许不确定可能产出的概率，或者他们有很多困难识别因果关系和全部潜在的结果。在这个情形下，为了减少失败风险，减少实验或经历的成本和时间消耗，管理层很可能接受其他公司行动隐含的信息，特别是被认为非常专业的信息，这些信息会对他们的观念、认知产生较强的影响。另外，管理层为了自己的声誉，模仿其他公司向外界传递他们的能力或他们公司的质量。竞争为基础的理论认为，学习其他公司能够防御竞争，抵消竞争对手的侵略性行为，维持自己在市场中的相对地位。当公司拥有可比较的资源和市场位置时，公司可能选择模仿其他公司的行为来缓解竞争。如果追求差别化策略是困难的、风险高的，公司经常会追求同质化策略，匹配竞争对手的行为努力地减少竞争强度。

二、研究假设

公司的投资政策是非常重要的，不仅决定了公司的发展，而且关系到更加有效地配置公司的资源，提高公司的业绩和市场价值。在行业群组内，公司可能会采用类似的投资行为，或出于信息为基础的学习机制，或出于竞争为基础的学习机制，或二者兼有。

行业群组内，公司的学习方向有多种。可以从同群公司股票价格学习、产品市场学习、财报信息披露学习，也可以从公司真实的决策行为上学习。

例如，刘霞和陈建军（2012）以浙江省128家制造业集群企业为样本，研究发现制造业集群中组织间的学习促进了集体生产效率的改进；陈仕华和卢昌崇（2013）研究了企业间的高管联结对并购溢价行为的影响，发现并购溢价决策存在组织间模仿行为；石桂峰（2015）发现企业当年新增投资会随着同地区不同行业企业平均新增投资的增加而增加，且地方政府干预强的地区同群效应更加显著。

在沪深300指数重构的背景下，已进入指数的公司为领导公司，由于进入指数被指数基金持有，增加了管理层预测次数，提高了股票的流动性，降低了资本成本，很可能增加资本融资和投资活动。根据陈和林（Chen and Lin，2016）对沪深300指数重构的研究，进入指数后三年期内融资活动比进入前三年期内融资活动增加了20%。在第四章，我们证实了进入后一年期内的资本投资相比较进入前的双重差分变量显著地增加。根据以上分析推断，进入沪深300指数公司的资本支出的增加可能会对行业同群产生强烈的冲击，行业同群的模仿行为会出现。所以本章提出如下假设：

H5-1：行业同群公司（跟随公司）对领导公司的资本投资行为产生强烈的响应，二者是正相关的。

第二节　数据、变量和模型

一、样本数据

本章以2005年7月~2016年6月第一次进入沪深300指数，且进入前至少上市一年，进入后在指数中至少存在一年，剔除掉金融行业后获得303个指数成分公司为领导公司。行业根据2012年版中国证监会《上市公司行业分类指引（2012年修订）》，制造业取前两位代码、其他行业取前一位代码，共涉及37个行业、208个行业年观测值。在本书附录附表1中观察发现，行业年观测频率分布出现1次的占68.27%、出现2次的占20.67%、出现3次的占 8.17% 、出现 4 次的占 2.88% 。在重构年按照重构规则，在行业内取日均总市值离领导公司最近的 5 个公司为行业同群公司（跟随公司），并且要求跟随公司在重构年、重构前一年、重构后一年至少连续三年没有缺失的财务数据，一共获得 1040 个观测值。本章所有单变量分析数据和用作回归分析的数据，对小于 1% 分位数和大于 99% 分位数的极端观测值进行缩尾处理。

二、主要变量的度量

公司资本投资（*INV_Cap*）的度量：公司当年的资本支出与前一年年末固定资产净额的比值。公司资本支出等于构建固定资产、无形资产和其他长期资产支付的现金，数据来自国泰安（CSMAR）现金流量表数据库。固定资产净额等于固定资产原值减去累积折旧和固定资产减值准备之后的净额，数据来自国泰安（CSMAR）资产负债表数据库。其他变量的定义如表 5 - 1 所示。

表 5 - 1　　　　　　　　　　　　　变量的定义

类别	变量	定义	数据来源
工具变量	*Index_HD*	CSI300 指数基金持有样本公司进入 CSI300 所在季度的普通股数量之和与该公司同季度总股本的百分比	RESSET 基金数据库
资本投资	*INV_Cap*	重构年份下一年跟随公司年末资本支出与上一年末固定资产净值的比值	CSMAR 财务数据库
	INV_L	重构年份领导公司年末资本支出与上一年末固定资产净值的比值	CSMAR 财务数据库
（同群）公司特征（均值）	*BTM*	重构年份跟随公司年末权益账面价值与总市值的比率（排除对应公司后行业同群均值）	CSMAR 财务数据库
	Size	重构年份跟随公司年末总资产的自然对数（排除对应公司后行业同群均值）	CSMAR 财务数据库
	Cash	重构年份跟随公司年末现金与现金等价物之和与上一年末总资产的比值（排除对应公司后行业同群均值）	CSMAR 财务数据库

类别	变量	定义	数据来源
（同群）公司特征（均值）	*Lev*	重构年份跟随公司年末资产负债率（排除对应公司后行业同群均值）	CSMAR 偿债能力数据库
	Age	跟随公司上市日与 CSI300 重构日之间的年数（排除该公司后行业同群均值）	CSMAR 股票交易数据库
	Runup	重构年份跟随公司年收益动量（排除对应公司后行业同群均值）	CSMAR 股票交易数据库
	INV	重构年份跟随公司年末资本支出与上一年末固定资产净值的比值（排除对应公司后行业同群均值）	CSMAR 财务数据库

注：重构发生在 1 月、6 月、7 月认定为当年 t，重构发生在 12 月认定下一年为当年 t。

三、模型的设定

为了检验假设 H5 – 1，我们设定以下回归模型：

$$INV\_Cap_{ijt+1} = \alpha + \beta INV\_L_{jt} + \gamma_1 BTM\_P_{-ijt} + \gamma_2 Size\_P_{-ijt} + \gamma_3 Cash\_P_{-ijt}$$
$$+ \gamma_4 Lev\_P_{-ijt} + \gamma_5 Age\_P_{-ijt} + \gamma_6 Runup\_P_{-ijt} + \gamma_7 INV\_P_{-ijt}$$
$$+ \lambda_1 BTM_{ijt} + \lambda_2 Size_{ijt} + \lambda_3 Cash_{ijt} + \lambda_4 Lev_{ijt} + \lambda_5 Age_{ijt}$$
$$+ \lambda_6 Runup_{ijt} + \lambda_7 INV_{ijt} + Ind$$
$$+ Year + \varepsilon_{ijt} \tag{5.1}$$

其中，i 为跟随公司，j 为行业，t 为重构发生的年，$-i$ 为排除 i 后行业 j 在年 t 其他的公司，重构发生在 1 月、6 月、7 月认定为当年 t，重构发生在 12 月认定下一年为当年 t。

INV_L_{jt} 为与跟随公司对应的领导公司在行业 j 年 t 的资本投资的均值。因为领导公司行业年观测值出现两次以上的占 31.72%，所以取平均值与跟随公司相对应。β 系数度量了领导公司资本投资对跟随公司资本投资的影响，进一步来说也反映了跟随公司对领导公司资本投资行为的学习效应。除此之外，跟随公司的资本投资还可能受到它们同群公司的特征及自身特征的影响。根据哈伯德（Hubbard，1998）和理查森（Richardson，2006），度量公司价值或成长机会的变量权益的账面价值与市场价值的比率 *BTM*、反映公司规模的变量公司总资产的自然对数 *Size*、公司持有现金的自然对数 *Cash*、资产负债率 *Lev*、公司上市时间 *Age* 的自然对数、股票收益动量 *Runup* 及前一期的资本投资都可会对下一期的资本投资产生影响，所以本书分别控制了领导公司相应特征的同群均值和自身特征。系数 *γ* 反映了跟随公司行业同群公司特征对公司资本投资的影响，系数 *λ* 反映了跟随公司自身特征对公司资本投资的影响。另外，考虑到行业共同因素和时变因素的影响，本书控制了行业确定性效应 *Ind* 和年份确定性效应 *Year*。

在模型（5.1）中，由于是领导公司第 *t* 年的资本投资对第 *t* + 1 年跟随公司资本投资的影响，所以直接识别了因果关系。另外一个问题是分离领导公司投资行为与跟随公司行业同群特征的影响，解决对公司资本投资产生影响的共同遗漏变量的问题。我们采用正交于市场、行业的沪深 300 指数基金在领导公司进入指数所在季度的持股比例为工具变量，使用 2SLS 来解决这个问题。

第三节　实证结果和数据分析

一、单变量分析

表 5 - 2 描述了重构年 *t* 领导公司与跟随公司主要变量的均值、标准差和中位数。我们发现领导公司资本投资的均值显著小于跟随公司，但是中位数是大于跟随公司资本投资的中位数，说明跟随公司出现较大的资本投资均值受到右偏态极端大的值影响，所以领导公司资本投资优势地位依然存在。权益账面市值比 *BTM* 领导公司要略微小于跟随公司。公司的资产规模、持有现金领导公司的均值要显著大于跟随公司，财务杠杆领导公司的均值要略微大

于跟随公司，上市时间领导公司显著小于跟随公司，重构年份收益动量领导公司的均值要显著大于跟随公司。以上特征说明进入沪深 300 指数公司作为领导公司是合理的。

表 5 - 2 领导公司与跟随公司主要变量的描述统计

变量	领导公司				跟随公司				均值增量 t 检验
	样本数	均值	标准差	中位数	样本数	均值	标准差	中位数	
Inv_CAP_t	303	0.665	0.829	0.409	1040	1.723	7.042	0.334	- 1.071 **
BTM_t	303	0.392	0.298	0.291	1040	0.410	0.204	0.375	- 0.019
$Size_t$	303	23.047	1.117	22.885	1040	22.034	0.670	22.025	1.022 ***
$Cash_t$	303	0.264	0.189	0.229	1040	0.211	0.106	0.191	0.053 ***
Lev_t	303	0.495	0.187	0.506	1040	0.480	0.121	0.471	0.012
Age_t	303	7.820	5.723	6.910	1040	9.198	2.952	8.782	- 1.382 ***
$Runup_t$	303	2.187	10.437	0.179	1040	0.892	2.981	0.072	1.158 *

注：*、**、*** 分别表示双尾 t 检验在 10%、5% 和 1% 显著水平上显著；重构发生在 1 月、6 月、7 月认定为当年 t，重构发生在 12 月认定下一年为当年 t；跟随公司 t + 1 年资本投资的标准差为 1.088。

表 5 - 3 反映了领导公司和跟随公司之间的皮尔逊相关系数。第（1）列，我们发现指数所有权持股比例 $Index\_HD_t$ 与领导公司的资本投资 INV_L_t 在 1% 的显著水平上是显著正相关的。从经济含义上讲，在进入沪深 300 指数的季度，指数所有权是被动分配的头寸，正交与市场、行业，再结合上述统计的显著性，作为领导公司资本投资的工具变量，分离领导公司投资行为与跟随公司同群特征是合理的。在文献上阿尔瓦雷斯等（Alvarez et al., 2018）以包括中国在内 16 个大的新兴市场为背景，检验发现独立的长期的地方机构大股东促进公司投资，符合大股东的监督角色和话语权干涉假设。也进一步说明二者的相关性在理论上是存在的。

表 5-3

领导公司与跟随公司主要变量 Pearson 相关系数

变量	(1)	(2)	(3)	(4)	(5)	(6)	(7)	(8)	(9)	(10)	(11)	(12)	(13)	(14)	(15)	(16)
$Index\_HD_t$ (1)	1															
INV_L_t (2)	0.163 (0.00)	1														
INV_Cap_{t+1} (3)	0.092 (0.00)	0.109 (0.00)	1													
BTM_P_t (4)	−0.286 (0.00)	0.047 (0.13)	−0.101 (0.00)	1												
$Size\_P_t$ (5)	0.127 (0.00)	0.067 (0.03)	−0.010 (0.76)	0.244 (0.00)	1											
$Cash\_P_t$ (6)	0.098 (0.00)	0.104 (0.00)	0.166 (0.00)	−0.190 (0.00)	0.040 (0.20)	1										
Lev_P_t (7)	−0.152 (0.00)	−0.001 (0.98)	−0.109 (0.00)	0.230 (0.00)	0.354 (0.00)	−0.375 (0.00)	1									
Age_P_t (8)	0.121 (0.00)	−0.001 (0.98)	0.048 (0.12)	−0.029 (0.34)	0.279 (0.00)	−0.098 (0.00)	0.086 (0.00)	1								
$Runup\_P_t$ (9)	−0.126 (0.00)	−0.025 (0.43)	0.022 (0.47)	0.032 (0.31)	0.018 (0.56)	−0.100 (0.00)	0.203 (0.00)	0.009 (0.77)	1							
INV_P_t (10)	−0.049 (0.11)	0.014 (0.65)	0.030 (0.34)	−0.078 (0.01)	−0.034 (0.27)	0.370 (0.00)	−0.203 (0.00)	−0.007 (0.83)	−0.033 (0.29)	1						

续表

变量	(1)	(2)	(3)	(4)	(5)	(6)	(7)	(8)	(9)	(10)	(11)	(12)	(13)	(14)	(15)	(16)
BTM_t (11)	-0.225 (0.00)	0.040 (0.20)	-0.083 (0.01)	0.534 (0.00)	0.070 (0.02)	-0.142 (0.00)	0.199 (0.00)	-0.046 (0.14)	0.013 (0.67)	-0.057 (0.06)	1					
$Size_t$ (12)	0.097 (0.00)	0.053 (0.09)	0.030 (0.34)	0.090 (0.00)	0.614 (0.00)	0.049 (0.12)	0.148 (0.00)	0.180 (0.00)	0.009 (0.78)	-0.041 (0.19)	0.342 (0.00)	1				
$Cash_t$ (13)	0.072 (0.02)	0.053 (0.09)	0.195 (0.00)	-0.106 (0.00)	0.044 (0.16)	0.194 (0.00)	-0.126 (0.00)	-0.026 (0.40)	-0.051 (0.09)	0.033 (0.29)	-0.136 (0.00)	-0.031 (0.33)	1			
Lev_t (14)	-0.087 (0.00)	0.001 (0.97)	-0.054 (0.08)	0.156 (0.00)	0.127 (0.00)	-0.128 (0.00)	0.282 (0.00)	-0.011 (0.73)	0.127 (0.00)	-0.112 (0.00)	0.120 (0.00)	0.436 (0.00)	-0.319 (0.00)	1		
Age_t (15)	0.073 (0.02)	-0.001 (0.97)	-0.063 (0.04)	-0.034 (0.28)	0.137 (0.00)	-0.018 (0.56)	-0.014 (0.65)	0.268 (0.00)	-0.030 (0.34)	-0.010 (0.76)	0.017 (0.59)	0.208 (0.00)	-0.142 (0.00)	0.167 (0.00)	1	
$Runup_t$ (16)	-0.089 (0.00)	-0.026 (0.40)	-0.006 (0.84)	0.012 (0.70)	-0.003 (0.93)	-0.046 (0.14)	0.104 (0.00)	-0.041 (0.19)	0.219 (0.00)	-0.012 (0.69)	0.013 (0.68)	-0.004 (0.89)	-0.049 (0.11)	0.068 (0.03)	0.092 (0.00)	1
INV_t (17)	0.046 (0.14)	0.075 (0.02)	0.474 (0.00)	-0.091 (0.00)	0.034 (0.27)	0.129 (0.00)	-0.078 (0.01)	0.018 (0.56)	-0.013 (0.68)	0.094 (0.00)	-0.089 (0.05)	0.061 (0.05)	0.252 (0.00)	-0.039 (0.21)	-0.058 (0.06)	-0.034 (0.26)

注: 括号内为 Pearson 相关系数原假设设为 0 时的真值概率 p, *、**、*** 分别表示在 10%、5%、1% 显著水平上显著。

第（2）列，领导公司的资本投资 INV_L_t 与跟随公司资本投资 INV_Cap_{t+1} 在 1% 的显著水平上是显著正相关的，说明跟随公司资本投资对上一年领导公司的资本投资行为存在强烈的响应。第（3）列，跟随公司的资本投资 INV_Cap_{t+1} 与同群公司的特征均值和公司自身特征的相关性，发现同群公司现金持有均值及公司自身现金持有与跟随公司的资本投资存在显著的正相关性，而权益的账面市值比、杠杆与跟随公司的资本投资存在显著的负相关性，公司自身的资本投资对跟随公司的资本投资存在显著的正相关性。

二、多元回归分析

表 5-4 反映了跟随公司对领导公司资本投资的响应。第（1）列反映了基准模型（5.1）的回归结果，领导公司资本投资 INV_L_t 的系数等于 0.130（t=2.48），在 5% 的显著水平上是统计显著的，说明领导公司对跟随公司下一年的资本投资存在显著的影响。在控制变量中，同群公司持有现金均值、上市时间均值与跟随公司下一年的资本投资产生显著正的相关性，而同群公司资本投资均值则产生显著的负相关性。在公司特征中，发现公司现金持有、资本投资对跟随公司下一年的资本投资存在正的相关性，而公司的上市时间存在负的相关性，这个结果和表 5-3 第（3）列相关性类似，其他控制变量虽然统计上不显著，但从经济含义上说符号都和理查森（Richardson，2006）中表 2（Table 2）反映的对预期投资影响的结论类似。为了反映资本投资行为对跟随公司资本投资的影响，我们采用 2SLS 法，第一阶段指数所有权的系数为 0.366（t=5.32），在 1% 的显著水平上是显著的，F 统计量为 28.35，在 1% 的显著水平上也是显著的。第二阶段估计结果如表 5-2 第（2）列、第（3）列、第（4）列、第（5）列所示，在不同的确定效应影响下，领导公司资本投资 INV_L_t 的系数统计上都是显著的。特别是第（5）列，完全加上行业确定效应和年确定效应后，模型的拟合优度 Adj. R^2 等于 26.1%，是第（1）~第（5）中最大的，领导公司资本投资 INV_L_t 的系数等于 0.963（t=2.08），在 5% 的显著水平上是显著的。根据表 5-2 中的领导公司资本投资的标准差，我们可以计算出领导公司一个标准差资本投资导致跟随公司

增加 73. 37% 标准差的资本投资，同时也说明跟随公司对领导公司的资本投资存在学习行为，证明了假设 H5 - 1。

表 5 - 4　　　　　　　跟随公司对领导公司资本投资的同群效应

类别	变量	INV_Cap_{t+1}				
		OLS	2SLS			
		(1)	(2)	(3)	(4)	(5)
领导公司资本投资	INV_L_t	0.130 ** (2.48)	0.645 * (1.85)	0.621 * (1.77)	1.031 ** (2.23)	0.963 ** (2.08)
同群公司特征均值	BTM_P_t	-0.077 (-0.27)	0.051 (0.18)	-0.034 (-0.12)	0.034 (0.08)	-0.183 (-0.44)
	$Size\_P_t$	-0.155 (-1.44)	-0.175 (-1.61)	-0.183 * (-1.67)	-0.255 * (-1.78)	-0.208 (-1.44)
	$Cash\_P_t$	1.526 *** (3.37)	1.637 *** (3.63)	1.336 *** (2.85)	1.915 *** (4.07)	1.674 *** (3.39)
	Lev_P_t	-0.387 (-0.88)	-0.271 (-0.61)	-0.140 (-0.30)	0.167 (0.33)	0.045 (0.09)
	Age_P_t	0.039 *** (2.61)	0.038 ** (2.51)	0.035 ** (2.28)	0.037 ** (2.41)	0.038 ** (2.40)
	$Runup\_P_t$	0.020 (1.55)	0.022 * (1.66)	0.015 (1.06)	0.019 (1.45)	0.012 (0.82)
	INV_P_t	-0.013 ** (-2.16)	-0.012 ** (-2.01)	-0.013 ** (-2.18)	-0.014 ** (-2.31)	-0.014 ** (-2.38)
公司特征	BTM_t	-0.135 (-0.58)	-0.093 (-0.40)	-0.129 (-0.56)	-0.092 (-0.37)	-0.163 (-0.66)
	$Size_t$	0.089 (0.98)	0.084 (0.92)	0.083 (0.92)	0.060 (0.64)	0.073 (0.78)
	$Cash_t$	0.493 * (1.76)	0.513 * (1.83)	0.441 (1.56)	0.601 ** (2.13)	0.540 * (1.89)
	Lev_t	-0.084 (-0.29)	-0.060 (-0.21)	-0.024 (-0.08)	0.070 (0.24)	0.039 (0.13)
	Age_t	-0.015 * (-1.71)	-0.016 * (-1.74)	-0.017 * (-1.86)	-0.016 * (-1.80)	-0.016 * (-1.80)

续表

类别	变量	INV_Cap_{t+1}				
		OLS	2SLS			
		（1）	（2）	（3）	（4）	（5）
公司特征	$Runup_t$	0.007 （0.72）	0.008 （0.77）	0.007 （0.64）	0.007 （0.67）	0.005 （0.49）
	INV_t	0.328 *** （15.52）	0.331 *** （15.67）	0.321 *** （15.07）	0.321 *** （15.10）	0.314 *** （14.66）
第一阶段工具变量	$Index\_HD_t$	0.366 *** （$t=5.32$）				
	F	28.35 *** （$p<0.000$）				
Ind 固定效应		No	No	Yer	No	Yes
Year 固定效应		No	No	No	Yes	Yes
样本数		1040	1040	1040	1040	1040
Adj. R^2		0.248	0.246	0.256	0.255	0.261

注：*、**、*** 分别表示双尾 t 检验在 10%、5% 和 1% 显著水平上显著；括号内为 t 值；自变量之间最大方差膨胀因子 VIF = 3.468，故不存在共线性问题。

我们也检验了领导公司对跟随公司当年的资本投资的影响，未列表数据显示不管是基准模型，还是 2SLS 回归，都没发现统计上的显著性。说明跟随公司不能从领导公司当年的资本投资识别有效的信息，对领导公司的资本投资行为的学习需要一段时间调整，也暗示了跟随公司的模仿是理智的。

同群公司数量选择上需要进行权衡。当选择的同群公司数量太少，面对领导公司资本投资冲击的影响可能很少显著性；如果选择的同群公司数量太多，同群公司可能面临较少的可比较性，对领导公司资本投资的响应可能失败。在上面主回归分析中，相同行业年内我们选择 5 个类似规模的公司构成同群组，证实了跟随公司对领导公司资本投资行为的学习效应。当调整同群组成员个数为 3 或 4 时，检验结果如表 5 - 5 所示。当同群组成员个数为 3 时，2SLS 回归结果如第（1）列、第（2）列所示，领导公司资本投资 INV_L_t 的系数是正的，在传统的显著水平上统计是不显著的。当同群组成员个数为 4 时，2SLS 回归结果如第（3）列、第（4）列所示，第（3）列领导公司资本投资 INV_L_t 的系数是正的，在传统的显著水平上是不显著的。第（4）列领导公司资本投资 INV_L_t 的系数等于 0.842（t = 1.68），在 10% 的显著水平上是显著的。这个检验结论证实了我们上面关于同群公司数量选择需要权衡的论述。

表 5 – 5　　改变群组构成数后跟随公司对领导公司资本投资的同群效应

类别	变量	INV_Cap_{t+1}			
		同群组成员个数为 3		同群组成员个数为 4	
		（1）	（2）	（3）	（4）
领导公司 资本投资	INV_L_t	0.570 (1.29)	0.843 (1.45)	0.545 (1.43)	0.842 * (1.68)
同群公司特征均值	Peers	Yes	Yes	Yes	Yes
公司特征	Firms	Yes	Yes	Yes	Yes
第一阶段 工具变量	$Index\_HD_t$	0.366 *** (t = 5.32)			
	F	28.35 *** (p < 0.000)			
Ind 固定效应		No	Yes	No	Yes
Year 固定效应		No	Yes	No	Yes
样本数		624	624	832	832
Adj. R^2		0.183	0.202	0.179	0.199

注：*、**、*** 分别表示双尾 t 检验在 10%、5% 和 1% 显著水平上显著；括号内为 t 值；最大方差膨胀因子 VIF = 3.753，故不存在共线性问题。

第四节　稳健性检验

这部分我们替换领导公司，检验跟随公司的资本投资响应。为了解决跟随公司在相同行业年内可能向已经存在于沪深 300 指数的公司资本投资行为学习的疑虑，我们替换领导公司。在相同行业年内，用至少一年前已经进入沪深300指数，按照重构规则重构年的日均总市值与当年新进入的公司邻近的作为替代的领导公司，我们一共获得140个符合条件的替代公司，采用基准模型（5.1），回归结果如表5-6第（1）列、第（2）列所示。第（1）列没有包括行业确定效应和年确定效应，替代的领导公司的资本投资系数等于0.072（t=0.62），虽然符号符合预期，但统计上没有显著的影响。第（2）列包括行业确定效应和年确定效应，情况和第（1）列类似。这个结论说明替换领导公司的资本投资行为对行业同群的资本投资没有产生显著的影响，跟随公司没有向替代的领导公司学习，这个学习渠道是不存在的。

表5-6 稳健性检验

变量		INV_Cap_{t+1}			
		替代的领导公司		对应的领导公司	
		（1）	（2）	（3）	（4）
领导公司 资本投资	INV_L_t	0.072 （0.62）	0.084 （0.66）	0.144 ** （2.06）	0.112 （1.54）
同群公司特征均值	$Peers$	Yes	Yes	Yes	Yes
公司特征	$Firms$	Yes	Yes	Yes	Yes
Ind 固定效应		No	Yes	No	Yes
$Year$ 固定效应		No	Yes	No	Yes
样本数		700	700	700	700
Adj. R^2		0.178	0.205	0.183	0.207

注：*、**、*** 分别表示双尾t检验在10%、5%和1%显著水平上显著；括号内为t值。

对于替代的领导公司相对应的原领导公司，我们也进行了基准模型（5.1）回归，结果如表5-6第（3）列、第（4）列所示。第（1）列没有包括行业确定效应和年确定效应，领导公司的资本投资系数等于0.144（t=2.06），在5%的显著水平上是显著的。第（4）列包括行业确定效应和年确定效应，领导公司的资本投资系数等于0.112（t=1.54），在12.4%的显著水平上是显著的。第（3）列、第（4）列的统计性与第（1）列、第（2）列形成鲜明对比，进一步说明新进入沪深 300 指数公司的资本投资对跟随公司的资本投资具有强烈的冲击，跟随公司对领导公司资本投资行为存在学习效应，并且学习的方向没有替代性，也说明我们表 4 - 4 主回归的结果是稳健的。

第五节　本章小结

本章以 2005 年 7 月 ~2016 年 6 月第一次进入沪深 300 指数，且进入前至少上市一年，进入后在指数中至少存在一年，剔除掉金融行业后获得 303 个指数成分公司为领导公司。在重构年按照重构规则，在行业内取日均总市值离领导公司最近的 5 个公司为跟随公司。使用线性均值基准模型（5.1），我们发现跟随公司对领导的资本投资具有学习效应。进一步，为了分离领导公司的投资行为和同群公司的特征对跟随公司的投资影响，解决遗漏的共同变量，采用被动指数所有权为工具变量识别内生性问题。从数量上看，领导公司一个标准差资本投资导致跟随公司增加 73.37% 标准差的资本投资。为了解决跟随公司资本投资决策学习方向的疑虑，我们替换领导公司，结果没有发现显著的影响，而相对应的领导公司仍然对跟随公司的资本投资产生显著的影响，说明跟随公司的学习方向没有替代性，我们主回归的结果是稳健的。

本章的研究对象相关于公司投资的文献，但从同群公司真实投资的影响出发，揭示了行业同群间对公司资本投资行为学习效应的存在。更好地帮助我们理解公司资本投资行为的影响因素，及公司资本投资行为的外部溢出效应，超出了公司自身的会计信息系统对投资决策的和资本配置的影响。对公司真实资本投资及提高资源使用效率具有理论指导意义和实践价值。

第六章

公司资本投资同群学习机制和异质性实证研究

利伯曼和阿萨巴（Lieberman and Asaba，2006）提出公司同行模仿的两个机制：信息为基础的理论和竞争为基础的理论。在传统的模仿理论中，跟随类似的其他公司、跟随领导公司、跟随大多数公司的行为构成了一系列模仿规则。信息瀑布（information cascades）是解释跟随行为的一个重要理论（Banerijee，1992）。理性的跟随者忽略了他们自己的信息，跟随大多数，甚至大多数是错误的。一旦一个理性的跟随者跟随大多数，他们的私人信息对其他观察者是不可见的，新观察者甚至有更多的理由来跟随逐渐增长的大多数，从而形成信息瀑布。在这个过程中理性跟随者的私人信息精确程度是非常重要的，如果私人信息精确程度高时信息瀑布就不会发生。而公司获取信息、分析信息的能力也是制约公司做出最优决策的关键。张（Zhang，1997）和卡特赖特（Cartwright，2015）从理论上证实了拥有更高信息质量的公司将领导制定决策，而处在信息劣势的公司将模仿领导公司的决策。另外，管理层为了自己的声誉，模仿其他公司向外界传递他们的能力或他们公司的质量。在现代组织体系中，管理者经常被考核，考核指标不仅取决于他们自己的绝对业绩，也涉及相对同行公司的表现。当相对绩效评价关系到管理层的工作利益时，他们可能放弃自己的私有最优信息而模仿其他公司，做出次优决策，选择预期的"温和的成功或失败"，而不是非预期的"极端的成功或失败"，规避职业风险。从以上分析可以看出不确定的信息环境是产生模仿行为的经济学基础。

不同于信息为基础的模仿行为，竞争为基础的模仿理论认为公司为了缓解竞争对手对自己市场份额的侵蚀和掠夺也会做出模仿行为，维持他们在市场中的相对位置。当公司拥有可比较的资源和市场位置时，模仿竞争者行为的策略是比较普遍的。例如，企业间相互学习管理方法、组织形式、新产品、新工艺及某项投资的进入和择时等。因为采用同质策略行为来约束竞争，使维持心照不宣的合谋变得可能。克勒姆佩雷尔（Klemperer，1992）理论上证明了学习竞争者的生产过程能够降低产品市场的竞争。

本章继续使用第四章领导公司和跟随公司的样本数据，实证检验公司同行模仿的两个机制：信息为基础的理论和竞争为基础的理论。我们使用重构年领导公司分析师跟踪、股价信息不对称程度 AdjPIN（Duarte and Young，2009）、是否 A + H 股和是否国有控股作为信息代理变量，结果发现跟随公司对分析师跟踪少、信息不对称程度高、非 H 股和非国有控股的领导公司的资本投资响应比较强烈，符合信息为基础学习机制的理论推断。对于行业竞争，采用行业集中度 CR4 和赫芬达尔指数 HHI（Giroud and Mueller，2011；Ali et al.，2014）作为代理变量，结果发现 CR4 和 HHI 越大的行业，跟随公司对领导公司的资本投资响应越强烈。因为我们的跟随公司与领导公司在行业年内规模相近，符合利伯曼和阿萨巴（Lieberman and Asaba，2006）提出的竞争为基础的模仿条件。综合来看，在我们的背景下，信息和竞争机制同时发挥作用。另外，我们也检验了跟随公司对领导公司的资本投资响应的异质特征，发现销售收入增长率低、外部融资依赖 RZ 比率（Rajan and Zingales，

1998）低、股票流动性高的跟随公司，对领导公司资本投资响应强烈。而对于托宾 Q 度量的投资机会及前五大股东持股比例平方和度量的股权集中度变量，没有发现统计上显著性的影响。

本章的贡献主要体现在以下两个方面。第一，实证检验了同群模仿的两个机制——信息为基础的模仿理论和竞争为基础的模仿理论。根据利伯曼和阿萨巴（Lieberman and Asaba，2006）对这两个机制的区分条件，我们发现跟随公司对领导公司的资本投资同时通过这两个机制起作用。第二，发现销售收入增长率低、外部融资依赖 RZ 比率低、股票流动性高的跟随公司，对领导公司资本投资行为响应强烈。也说明了行业发展前景的不确定性、资本成本的高低是跟随公司是否积极模仿领导公司资本投资行为的两个潜在决定因素。

第一节　研究假设

根据利伯曼和阿萨巴（Lieberman and Asaba，2006）对公司间模仿行为的分析，信息为基础的理论和竞争为基础的理论是公司间学习的两个主要机制。根据信息为基础的理论，当公司能够提前抓住宏观经济或行业政策的信息，或者能够识别能够盈利的投资机会时，我们认为这种公司有收集和分析信息的能力，没有动机去模仿行业同群公司的资本投资决策。相反，当公司对投资决策拥有不完全信息时，会认为行业同群的行为传递了有用的信息，学习行业同群的投资行为就变得非常可能。投资关系到公司未来的发展，公司需要花费时间选择项目、调查社会需求、分析生产能力，然后才能确定投资项目，并且需要消耗大量的实验或经历的成本。此外，行业同群内的公司面临类似的制度环境、投资机会和消费需求，很可能做出类似的投资决策。关注并评价同群公司的信息，克服信息不完全，减少对市场不确定的预期。综上所述，我们推测领导公司信息环境越差，领导公司的资本投资行为向外传递的信息越明显，对跟随公司资本投资的影响越大。所以本章提出如下假设：

H6 - 1a：领导公司的信息环境越差，跟随公司对领导公司资本投资行为响应越强烈。

竞争为基础的理论认为，当公司之间有可比较的资源和市场位置时，公司为了避免落后竞争对手，维持自己在市场中的竞争地位，有激励去模仿。如果管理层有风险规避倾向，跟随领导公司的策略能够维持风险最小化。当资本投资能够保持他们的相对竞争地位或者抵消领导公司的侵略行为时，模仿领导公司资本投资行为变得非常可能。因为管理层能够根据其他公司报告的高利润率发现有前途的投资机会（Bushman and Smith，2001）。库马尔和兰伯格（Kumar and Langberg，2010）从理论上证明了针对行业领导公司扩张的生产报告导致行业同群增加投资作为响应。巴德斯切尔等（Badertscher et al.，2013）发现行业内大量上市公司的出现减少了行业的不确定性，导致非上市公司更多地响应他们的投资机会。我们的样本选取依据为重构年按照重构规则，在行业内取日均总市值离领导公司最近的 5 个公司为行业同群公司（跟随公司），所以我们推测在竞争度强的行业，跟随公司对领导公司资本投资行为反应越强烈。本章提出如下假设：

H6 - 1b：竞争程度越强的行业，跟随公司对领导公司资本投资行为反应越强烈。

根据信息为基础的模仿理论，当公司能够提前抓住宏观经济或行业政策的信息，或者能够识别能够盈利的投资机会时，我们认为这种公司有收集和分析信息的能力，没有动机去模仿行业同群公司的资本投资决策。所以我们预测成长性低、投资机会低的跟随公司更容易模仿。另外，经济信息的不确定性也会增加投资收益的波动，从而增加投资极端损失的风险，进一步增加管理层的职业关心。在现代组合管理体系中，管理层的考核不仅依赖于他们公司的绝对业绩还依赖于同群公司的相对收益，所以管理层由于职业关心在投资决策中产生羊群行为（Scharfstein and Stein，1990；Trueman，1994）。提高公司治理能力能最小化管理层与股东之间的代理冲突，减少同群效应的影响。根据张会丽和陆正飞（2012）、江和金（Jiang and Kim，2015），我们用前五大股东持股百分比的平方和度量股权集中度，并作为代理冲突程度的变量，预期股权集中度低的跟随公司更容易模仿。所以本章提出如下假设：

H6-2a：跟随公司成长性越低，对领导公司资本投资行为响应越强烈。

H6-2b：跟随公司投资机会越低，对领导公司资本投资行为响应越强烈。

H6-2c：跟随公司股权集中度越低，对领导公司资本投资行为响应越强烈。

在一个高度竞争的市场，公司暴露较高的破产风险，持续经营的不确定性，导致严重的融资约束（Povel and Raith，2004）。而金融发展程度不同，面临的融资约束不同，导致不同的外部融资成本，外部融资依赖程度不同的行业关系到公司的投资和增长（Rajan and Zingales，1998；李莲发和辛晓岱，2009）。在一定的金融市场环境中，外部融资依赖性强的行业面临着融资约束，行业内的公司呈现现金储备少、较高短期债务的特征（Duchin et al.，2010）。较高的外部融资成本阻碍了公司的资本投资。王等（Wang et al.，2014）在中国资本市场上也发现更多内部融资的公司，其投资较少受到经济政策不确定性的影响。我们预测外部融资依赖性高的跟随公司，对领导公司的资本投资响应意愿降低。另外，流动性的增加能降低资本成本（Lambert and Verrecchia，2015；Belkhir et al.，2018）、提高公司价值（Fang et al.，2009）。我们预测流动性越强的跟随公司，对领导公司资本投资的响应越强烈。所以本章提出如下假设：

H6-3a：外部融资依赖性低的跟随公司，对领导公司的资本投资响应越强烈。

H6-3b：股票流动性高的跟随公司，对领导公司的资本投资响应越强烈。

第二节 模型设定

为了检验假设 H6-1、假设 H6-2、假设 H6-3，我们设定以下回归模型：

$$INV\_Cap_{ijt+1} = \alpha + \beta_1 INV\_L_{jt} + \beta_2 INV\_L_{jt} \times Crosssection_{jt} + \beta_3 Crosssection_{jt}$$
$$+ \gamma_1 BTM\_P_{-ijt} + \gamma_2 Size\_P_{-ijt} + \gamma_3 Cash\_P_{-ijt} + \gamma_4 Lev\_P_{-ijt}$$

$$+ \gamma_5 Age\_P_{-ijt} + \gamma_6 Runup\_P_{-ijt} + \gamma_7 INV\_P_{-ijt} + \lambda_1 BTM_{ijt}$$
$$+ \lambda_2 Size_{ijt} + \lambda_3 Cash_{ijt} + \lambda_4 Lev_{ijt} + \lambda_5 Age + \lambda_6 Runup_{ijt}$$
$$+ \lambda_7 INV_{ijt} + Ind + Year + \varepsilon_{ijt} \tag{6.1}$$

其中，i 为跟随公司，j 为行业，t 为重构发生的年，$-i$ 为排除 i 后行业 j 在年 t 其他的公司，重构发生在 1 月、6 月、7 月认定为当年 t，重构发生在 12 月认定下一年为当年 t。横截面变量 Crosssection 的定义如表 6 - 1 所示，其他变量的定义如表 6 - 1 所示。系数 β_1、β_2 是我们主要考察的对象。

表 6 - 1 横截面变量的定义

横截面变量	定义	数据来源
Following_Ans	重构年份领导公司首次发布 EPS 预测的分析师个数，中位数以上的取 1，中位数以下的取 0	CSMAR 分析师预测数据库
AdjPIN	重构年份领导公司调整的知情交易概率度量（Duarte and Young，2009），中位数以上的取 1，中位数以下的取 0	CSMAR 高频数据库
AH	重构年份领导公司在 A 股和 H 股市场同时都上市的取 1，其余的取零 0	CSMAR 股票交易数据库
SOE	重构年份领导公司是国有控股的取 1，其余的取 0	CSMAR 股东数据库
CR4	重构年份行业内主营业务收入占总收入比重排名前 4 的和	CSMAR 财务数据库
HHI	重构年份行业内主营业务收入占总收入比重平方和	CSMAR 财务数据库
SG	重构年份后一年跟随公司主营业务收入增长率。中位数以上的取 1，中位数以下的取 0	CSMAR 财务数据库
Tobin Q	重构年份后一年跟随公司权益市值和总负责账面价值之和除以总资产的账面价值。中位数以上的取 1，中位数以下的取 0	CSMAR 财务数据库
SHCR5	重构年份后一年跟随公司前五大股东持股百分比的平方和。中位数以上的取 1，中位数以下的取 0	CSMAR 股东数据库
RZ	拉詹和津加莱斯（Rajan and Zingales，1998）外部融资依赖度量。重构年份后一年跟随公司的资本支出减去现金流除以资本支出，现金流为净经营现金流加上存货的减少、应收账款的减少、应付账款的增加。中位数以上的取 1，中位数以下的取 0	CSMAR 财务数据库
Illiq	重构年份后一年跟随公司股票流动性的度量采用阿米胡德（Amihud，2002，2015）的非流动性代理。中位数以上的取 1，中位数以下的取 0	CSMAR 股票交易数据库

第三节 实证结果和数据分析

公司信息环境我们用分析师跟踪数、调整的知情交易概率、是否 A + H 股、是否国有控股的二元变量来度量。分析师作为信息中介，利用专业知识和收集加工信息的相对优势，对信息生产和传播发挥重要的作用。分析师的报道能够监督管理层（Chen et al.，2015），减少信息不对称性（Bradley et al.，2014），增加投资者认知（Richardson et al.，2012）。这里我们把分析师的跟踪作为反映公司信息水平的代理变量。对领导公司在年 t 的分析师跟踪数，按中位数分为两组，大于或等于中位数的取 1，其余取 0，分别代表公司信息水平高的组和信息水平低的组。调整的知情交易概率（AdjPIN）（Duarte and Young，2009）作为股价信息不对称程度的代理变量。对领导公司在年 t 的 AdjPIN，按中位数分为两组，大于或等于中位数的取 1，其余取 0，分别代表股价信息不对称度高的组和股价信息不对称度低的组。部分 A 股上市的公司同时在香港上市，一般称为 A + H 股。A + H 股同时受到中国证监会的监管和香港证券期货委员会、香港股票交易所、香港注册会计师协会、香港廉政公署四大香港监管机构的监管。根据科等（Ke et al.，2015），A + H 公司审计质量高，信息披露更加可靠。这里用 A + H 股度量领导公司的信息质量，是 A + H 股取 1，否则取 0。国有控股企业"亲政策"的性质使其更容易获得经济政策相关的重要信息，对宏观经济或行业政策识别更透彻，反映的信息更透明，领导公司是国有控股企业 SOE 取 1，否则取 0。使用模型（6.1）进行多元回归分析，这里横截面变量 $Crosssection$ 为二元变量。回归结果如表 6 - 2 所示。

表 6 - 2 跟随公司对领导公司资本投资响应的信息渠道

变量	INV_Cap_{t+1}			
	Following_Ans	AdjPIN	A + H	SOE
	(1)	(2)	(3)	(4)
INV_L_t	1.623 **	0.368	1.026 **	0.133 *
	(2.05)	(0.65)	(2.14)	(1.70)
$Crosssection_t$	0.227	-0.941 *	0.591	0.197
	(0.37)	(-1.88)	(0.70)	(1.54)
$INV\_L_t \times Crosssection_t$	-0.636	1.309 *	-0.952	-0.048
	(-0.71)	(1.83)	(-0.72)	(-0.44)
同群公司特征均值	Yes	Yes	Yes	Yes
公司特征	Yes	Yes	Yes	Yes
Ind 固定效应	Yes	Yes	Yes	Yes
$Year$ 固定效应	Yes	Yes	Yes	Yes
样本数	1040	1040	1040	1040
Adj. R^2	0.261	0.261	0.260	0.260

注：*、**、*** 分别表示双尾 t 检验在 10%、5% 和 1% 显著水平上显著；括号内为 t 值；以上为 2SLS 回归结果。

在表 6 - 2 第（1）列中，领导公司资本投资 INV_L_t 的系数等于 1.623（t = 2.05），在 5% 的显著水平上显著，与二元变量分析师跟踪的交乘项系数为 -0.636（t = -0.71），在传统的显著水平上是不显著的，说明信息水平低的领导公司的资本投资受到跟随公司的强烈响应。第（2）列中，领导公司资本投资 INV_L_t 的系数等于 0.368（t = 0.65），在传统的显著水平上是不显著的，与二元变量 AdjPIN 交乘项系数为 1.309（t = 1.83），在 10% 的显著水平上是显著的，说明股票价格信息不对称程度高的领导公司的资本投资受到跟随公司的强烈响应。在第（3）列中，领导公司资本投资 INV_L_t 的系数为 1.026（t = 2.14），在 5% 的显著水平上是显著的，而与 A + H 股交叉项的系数是 -0.952（t = -0.72），在传统的显著水平上是不显著的，这个结论说明对于非 A + H 股，领导公司的资本投资受到跟随公司的强烈响应。在第（4）列中，我们用国泰安（CSMAR）数据库上市公司控制人文件中公司年报披露的实际控制人性质为国有企业、行政机关、事业单位、中央机构和地方机构的实际控制人判定国有控股企业。由于领导公司 208 个行业年观测值中，行业年观测频率分布出现 1 次的占 68.27%、出现 2 次的占 20.67%、出现 3 次的占 8.17%、出现 4 次的占 2.88%。给定的行业年我们设定领导公司至少一个为国有控股企业的，SOW 取值为 1，其他取值为 0。领导公司资本投资 INV_L_t 的系数为 0.133（t = 1.70），在 10% 的显著水平上是显著的，而与 SOE 交叉项的系数是 -0.048（t = -0.44），在传统的显著水平上是不显著的，这个结论说明对于非国有控股的领导公司的资本投资受到跟随公司的强烈响应。

根据以上分析我们发现信息水平和信息质量低的、股价信息不对称程度高的、获取信息能力低的领导公司更容易受到跟随公司的强烈响应，说明跟随公司在比较差的信息环境中，不能从公开信息或股价中获得完全信息，领导公司的资本投资相当于给跟随公司发出了信号，跟随公司受到的影响较大。所以我们的实证检验证实了假设 H6-1a，符合信息为基础的同行模仿行为的假设。这个结论也与伊姆等（Im et al.，2018）用中国的数据发现经济的不确定性放大了同群公司投资政策的结论相一致。另外，我们没有发现信息环境高的领导公司的资本投资行为受到跟随者的模仿，说明跟随公司管理层是存在学习行为的，而不是非理性的羊群行为。

类似吉鲁德和米勒（Giroud and Mueller，2011）产品市场竞争的度量，我们采用行业内公司销售收入市场份额排名前四的和 CR4，及行业内公司销售收入市场份额的平方和度量的赫芬达尔指数 HHI 度量的行业集中度作为行业竞争程度的代理变量（Ali et al.，2014）。根据雷斯（Raith，2003）理论上的证明，有三个因素驱动行业竞争性：产品的替代性、市场规模和进入成本。为了让行业集中度更好地代理产品的可替代性引起的竞争，我们在模型（6.1）的回归中，控制行业上市公司动态数，代理因产品市场规模增加或进入该行业的成本降低而产生的竞争。

表 6-3 第（1）列中，领导公司资本投资 INV_L_t 与行业集中度 CR4 的交乘项的系数等于 2.53（t = 1.58），在 11.44% 的显著水平上是显著的。行业动态数 IND_NUM 的系数为 0.291（t = 3.38），在 1% 的显著水平上是显著

的。说明在控制市场规模引起的竞争后，行业集中度越高，跟随公司对领导公司资本投资的响应越强烈。第（2）列领导公司资本投资 INV_L_t 与赫芬达尔指数 HHI 的交乘项的系数等于 10.814（t＝4.08），在 1% 的显著水平上是显著的。行业动态数 IND_NUM 的系数为 0.184（t＝2.49），在 5% 的显著水平上是显著的，和第（1）列的结论是相同的。我们的实证结果和理论预期是一致的，证明了假设 H6－1b，进一步说明竞争机制在跟随公司对领导公司的学习行为中发挥作用。

表 6－3　　　　**跟随公司对领导公司资本投资响应的行业竞争渠道**

变量	CR4	HHI
	（1）	（2）
INV_L_t	−0.234 （−0.26）	−0.383 （−0.68）
CR4（HHI）	−0.566 （−0.49）	−5.322 *** （−2.99）
$INV\_L_t \times CR4$（HHI）	2.530 （1.58）	10.814 *** （4.08）
IND_NUM	0.291 *** （3.38）	0.184 ** （2.49）
同群公司特征均值	Yes	Yes
公司特征	Yes	Yes
Ind 固定效应	Yes	Yes
$Year$ 固定效应	Yes	Yes
样本数	1040	1040
Adj. R^2	0.273	0.283

注：*、**、*** 分别表示双尾 t 检验在 10%、5% 和 1% 显著水平上显著；括号内为 t 值；以上为 2SLS 回归结果。

从上面的实证分析结论，以及利伯曼和阿萨巴（Lieberman and Asaba，2006）对信息为基础的模仿和竞争为基础的模仿的判别条件，我们发现跟随公司对领导公司的资本投资的响应同时通过这两个机制起作用。

第四节 异质性检验

本部分我们检验面对不同的成长性、投资机会、股权集中度、外部融资依赖和股票流动性的情况下，跟随公司对领导公司资本投资行为的响应。表 6 – 4 的第 （1） 列，领导公司资本投资 INV_L_t 的系数为 0. 206 （t = 3. 31），在 1% 的显著水平上是显著的，而与二元变量 SG 交叉项的系数是 – 0. 765 （t = – 3. 70），在 1% 的显著水平上是显著的，说明销售收入增长率低的跟随公司更容易模仿领导公司的资本投资行为，而销售收入增长率高的跟随公司具有抑制作用，符合信息为基础模仿理论的推断，证实了假设 H6 – 2a。第 （2） 列，我们用托宾 Q 度量投资机会，结果没有发现任何统计上的显著性，说明假设 H6 – 2b 不成立。第 （3） 列，我们用跟随公司前五大股东持股百分比的平方和度量股权集中度，反映大股东对公司的监管，中位数及以上的取 1，中位数以下的取 0。领导公司资本投资 INV_L_t 的系数为 0. 141 （t = 0. 84），符号符合我们的预期，但在传统的显著水平上是不显著的，而与二元变量 $SHCR5$ 交叉项的系数是 – 0. 342 （t = – 0. 35），符号也是符合我们的预期，但在传统的显著水平上是不显著的，说明通过股权集中度大小反映大股东对公司的监管能力，进一步抑制跟随公司对领导公司资本投资模仿行为并不显著。

表 6 – 4　　　　　跟随公司对领导公司资本投资响应的异质性

变量	INV_Cap_{t+1}				
	SG	$TobinQ$	$SHCR5$	RZ	$Illiq$
	（1）	（2）	（3）	（4）	（5）
INV_L_t	0. 206 *** （3. 31）	– 0. 140 （– 0. 88）	0. 141 （0. 84）	0. 093 * （1. 69）	0. 130 * （1. 66）
$Dummy$	0. 328 ** （2. 02）	0. 104 （1. 25）	– 1. 80 （– 1. 10）	– 0. 0002 （– 0. 17）	– 0. 859 （– 0. 56）
$INV\_L_t \times Dummy$	– 0. 765 *** （– 3. 70）	0. 111 （1. 60）	– 0. 342 （– 0. 35）	– 0. 0003 （– 0. 16）	– 0. 794 （– 0. 66）

续表

变量	INV_Cap_{t+1}				
	SG	TobinQ	SHCR5	RZ	Illiq
	(1)	(2)	(3)	(4)	(5)
同群公司特征均值	Yes	Yes	Yes	Yes	Yes
公司特征	Yes	Yes	Yes	Yes	Yes
Ind 固定效应	Yes	Yes	Yes	Yes	Yes
Year 固定效应	Yes	Yes	Yes	Yes	Yes
样本数	1040	1040	1040	1040	1040
Adj. R^2	0.268	0.263	0.260	0.258	0.259

注：*、**、***分别表示双尾 t 检验在 10%、5% 和 1% 显著水平上显著；括号内为 t 值；以上为 2SLS 回归结果。

根据拉詹和津加莱斯（Rajan and Zingales，1998）外部融资依赖度量，重构年份后一年跟随公司的资本支出减去现金流除以资本支出，现金流为净经营现金流加上存货的减少、应收账款的减少、应付账款的增加。中位数及以上的取 1，中位数以下的取 0，来反映跟随公司外部融资依赖程度的大小。回归结果如表 6 - 4 第（4）列所示。在第（4）列中，领导公司资本投资 INV_L_t 的系数为 0.093（t = 1.69），在 10% 的显著水平上是显著的，而与二元变量 RZ 交叉项的系数是 - 0.0003（t = - 0.16），在传统的显著水平上是不显著的，说明外部融资依赖程度低的跟随公司对领导公司资本投资行为积极的模仿，而外部融资依赖程度高的跟随公司对领导公司资本投资行为产生负的响应。这个结论符合我们的预期，也与陈和麻（Chen and Ma，2017）用怀特和吴（Whited and Wu，2006）度量的融资约束指数具有缓解公司投资决策学习效应的结论相一致，证实了假设 H6 - 3a。

股票流动性的度量采用阿米胡德（Amihud，2002，2015）的非流动性度量代理，非流动性越大，流动性越小；反之，流动性越大。非流动性 Illiq 中位数及以上的取 1，中位数以下的取 0，用二元变量来反映跟随公司股票流动性的大小。在表 6 - 4 第（5）列中，领导公司资本投资 INV_L_t 的系数为 0.130（t = 1.66），在 10% 的显著水平上是显著的，说明流动性高的跟随公司对领导公司资本投资行为积极的模仿。而与二元变量 *Illiq* 交叉项的系数是 -0.794（t = -0.66），虽然在传统的显著水平上是不显著的，但从经济含义上说明流动性低的跟随公司减缓对领导公司资本投资行为的模仿。由于流动性越高，公司的资本成本越低；反之，资本成本越高，所以第（5）列的结论和第（4）列是吻合的，也进一步说明资本成本的高低是跟随公司是否积极模仿领导公司资本投资行为的一个潜在决定因素。

第五节　本章小结

对于可能的学习机制，我们分别检验了信息为基础的模仿理论和竞争为基础的模仿理论，发现二者同时起作用。检验结果发现信息环境越差，领导公司的资本投资行为对跟随公司影响越强烈，因为模糊不确定的信息环境是模仿的最大动机，符合信息为基础的理论。当我们控制行业公司动态数时，发现行业集中度高的领导公司的资本投资行为对跟随公司影响越强烈，由于跟随公司和领导公司在相同行业，市值相近，有可比较的资源和位置，符合竞争为基础的理论。

在异质性分析中，发现销售收入增长率低、外部融资依赖性低、股票流动性高的跟随公司对领导公司资本投资行为影响强烈。从信息为基础的理论上讲，当公司销售收入增长率高的时候，跟随公司能够识别能够盈利的投资机会，没有必要去模仿，只有在行业前景模糊，不确定程度高的时候，才有模仿动机。这也是销售收入增长率低的跟随公司对领导公司资本投资行为产生强烈影响的原因。从外部融资成本上讲，在不完全的金融市场中，外部融资依赖性强的公司面临着融资约束，较高的外部融资成本减缓了跟随公司对领导公司资本投资的模仿。由于股票流动性越高，公司的资本成本越低；反之，资本成本越高，所以流动性高的跟随公司对领导公司资本投资行为积极的响应。这个结论和外部融资依赖程度反映的情况是吻合的，也进一步说明资本成本的高低是跟随公司是否积极模仿领导公司资本投资行为的另一个潜在决定因素。

第七章

研究结论与研究展望

第一节　研究结论

近20年来，机构投资者在全球金融体系中逐步发展壮大，在资本市场的主导地位已经成为一种发展趋势，对资本市场稳定、上市公司信息环境的改善、公司治理和决策制定等都产生了重大而深远的影响，是政策制定者、学术界和实业界一直探讨的热门话题。从主、被动投资策略分类看，无论是国外发达的资本市场还是国内的资本市场，被动型股票基金数量及管理的净资产都存在上升趋势，所以从被动机构所有权角度研究对公司信息披露、信息生产、股票流动性及公司决策制定的影响是与时俱进的，与当前的经济环境和制度背景紧密相连的，具有重要的经济意义和理论价值。

从经济理论上讲，上市公司的充分披露，可以降低证券市场发行与交易过程中的信息不对称、节约交易成本；避免签约前投资者的"逆向选择"，抑制管理层签约后的"内部人控制""道德风险"与机会主义行为。信息问题和激励问题是阻碍资本市场资源有效配的两个重要因素，可靠的信息披露是缓解这些问题的关键。但随着经济环境的变化以及监督能力、最优契约的实施、专有成本、不完善的监管、金融分析师和信用评级机构等信息中介的潜在激励等一系列制度因素制约了信息不对称的消除和管理层的自私引起的代理问题的解决，从而导致公司信息环境的内生性发展。本书在 CSI300 指数重构的背景下，通过理论推演、例证分析、提出假设、模型设定和实证分析得到以下结论：

（1）为了克服信息披露的内生性问题，设计 DID 模型来识别指数所有权对公司管理层预测的影响及管理层预测产生的资本市场经济后果。结果发现对股票流动性的影响存在两条路径：第一条路径是指数基金所有权无策略的再平衡交易增加了持有股票的流动性，数量上一个标准差指数所有权的增加导致 9.37% 标准差股票流动性增加，我们把这个影响称为无信息生产的流动性增加；第二条路径是管理层预测次数的增加显著地减少市场信息不对称程度，进一步增加了股票流动性，存在管理层预测次数对流动性的间接影响，数量上一个标准差管理层预测次数的增加导致 1.55% 标准差股票流动性的增加，我们把这个影响称为有信息生产的流动性增加。遗憾的是我们没有发现指数基金所有权对管理层预测次数的显著影响，而管理层预测次数的增加主要因为进入沪深 300 指数的"包括"效应，也就是说进入指数公司知名度提高，市场关注度增加，市场的监督增加了管理层预测次数。

指数再平衡交易导致的无信息生产的流动性增加，或者管理层预测次数的增加导致有信息生产的股票流动性增加，从而使进入 CSI300 指数后股票的流动性增加。流动性的增加能降低资本成本、提高公司价值。所以我们也证实了进入沪深 300 指数的公司显著地增加资本投资。

（2）为了了解进入 CSI300 指数公司资本投资是否会产生正的经济外部性，本书检验了领导公司的资本投资行为对行业同群产生的影响。结果发现跟随公司对领导的资本投资具有学习效应。进一步，为了分离领导公司的投资行为和同群公司的特征对跟随公司的投资影响，解决遗漏的共同变量，采用被动指数所有权为工具变量识别内生性问题。从数量上看，领导公司一个标准差资本投资导致跟随公司增加 73.37% 标准差的资本投资。为了解决跟随公司资本投资决策学习方向的疑虑，我们替换领导公司，结果没有发现显著的影响，而相对应的领导公司仍然对跟随公司的资本投资产生显著的影响，说明跟随公司的学习方向没有替代性，我们主回归的结果是稳健的。

（3）对于可能的学习机制，本书分别检验了信息为基础的模仿理论和竞争为基础的模仿理论，检验结果发现二者同时起作用。信息环境越差，领导公司的资本投资行为对跟随公司影响越强烈，因为模糊不确定的信息环境是模仿的最大动机，符合信息为基础的理论。当我们控制行业公司动态数时，发现行业集中度高的领导公司的资本投资行为对跟随公司影响越强烈，由于跟随公司和领导公司在相同行业，市值相近，有可比较的资源和位置，符合竞争为基础的理论。另外，我们也进行了异质性分析，发现销售收入增长率低、外部融资依赖性低、股票流动性高的跟随公司对领导公司资本投资行为响应强烈。从信息为基础的理论上讲，当公司销售收入增长率高的时候，跟随公司能够识别能够盈利的投资机会，没有必要去模仿，只有在行业前景模糊，不确定程度高的时候，才有模仿动机。这也是销售收入增长率低的跟随公司对领导公司资本投资行为响应强烈的原因。从外部融资成本上讲，在不完全的金融市场中，外部融资依赖性强的公司面临着融资约束，较高的外部融资成本减缓了跟随公司对领导公司资本投资的模仿。由于股票流动性越高，公司的资本成本越低；反之，资本成本越高，所以流动性高的跟随公司对领导公司资本投资行为响应强烈。这个结论和外部融资依赖反映的情况是吻合的，也进一步说明资本成本的高低是跟随公司是否积极模仿领导公司资本投资行为的一个潜在决定因素。

第二节 政 策 意 义

针对上述结论本书提出以下政策建议：

（1）指数所有权持股比例平均值为 0.507%，处在罗素 1000/2000 指数调整背景下具有公司治理效应的拟指数所有权 0.5% ～3% 范围的下限（Appel et al.，2016），但却远远小于 S&P500 指数基金所有权 3.9% ～12% 的范围（Schoenfeld，2017）。所以沪深 300 指数基金所有权持股比例的偏低，导致通过"话语权""投票权"参与公司治理的影响较弱。张涤新和李忠海（2017）也发现基金持股规模的下降导致对公司绩效的改善作用减弱。所以主要外部机构投资者参与公司治理意愿的丧失，对提高公司治理质量、增加自愿性披露、改善公司信息环境是不利的，对这个内生性监督机制缺失的完善是我们欠发达资本市场需要努力的。

增加市场流动性的两个路径包括：第一，无信息生产流动性增加；第二，信息生产流动性增加。从提高公司治理质量、增加自愿性信息披露水平、改善信息环境和交易环境、提高股票流动性角度讲，第二个路径也是建立高效、完全竞争资本市场的有效路径，充分发挥资本市场定价和直接投资、融资功能。从建立内生性监督机制上讲，应加大指数基金发行数量和资产管理规模，提高指数基金持股比例，充分发挥"话语权""投票权"。从保护中小投资者利益上讲，被动机构投资者非策略性交易的性质及对信息披露的偏好，应该成为广大中小投资者利益代言人，特别是占市场份额 40% 的个人投资者，通过"中证中小投资服务中心"等平台加强被动机构投资者和中小投资者的交流和联系，甚至委托被动机构投资者行使自己的"话语权""投票权"，参与到公司治理中去。

（2）增加自愿性信息披露水平、改善信息环境，减少信息不对称程度，有利于抑制行业同群间因为信息不完全而发生模仿行为。这种模仿行为会导致公司减少时间筛选项目、调查社会需求、分析生产能力，从而使行业内公司同质化，使有限的资源配置效率降低，进一步导致由于外部经济环境变化所导致的经营风险的防御能力下降。甚至诱发公司违规行为（腾飞等，2016）、群体性败德行为（李新春和陈斌，2013）、行贿的企业政治行为（姚晶晶等，2015）以及政府新兴产业优势企业扶持政策的低效率（罗晓辉等，2018）。本书的研究发现信息环境好的领导公司资本投资行为对跟随公司资本投资影响较小。说明当行业信息通畅时，公司能够提前抓住宏观经济或行业政策的信息，或者能够识别能够盈利的投资机会，没有动机去模仿行业同群公司的资本投资决策，从而减少同质化策略和经营风险。在高度不确定的环境中，模仿还可能放大早期驱动者的错误，对公司或社会导致较大的负面影响。例如，上市公司 2018 年年度业绩预告刮起的商誉减值风暴。需要管理层、政策制定者理解为什么模仿行为发生，发生的背景是什么，在什么时候产生有害的影响，避免非理性羊群效应的发生，避免投机泡沫、浪费资源，充分发挥模仿行为正的经济外部性。

（3）建立完善的金融市场，减少外部融资成本，让外部融资依赖性强的公司能够获得低成本的外部融资，增加资本投资，从而促进经济增长。拉詹和津加莱斯（Rajan and Zingales，1998）、李莲发和辛晓岱（2009）实证检验了金融发展促进经济增长的路径，认为金融发展伴随着更健全的会计、信息披露制度和更好的公司治理，有利于资金供应方对企业财务状况进行事前审查、对企业的经营情况进行事后监督。金融部门的介入使企业能够更好地克服外部融资中的信息不对称，降低企业的外部融资成本。本书的异质性检验中发现外部融资依赖程度高的跟随公司减缓对领导公司资本投资行为的响应，而外部融资依赖程度低的跟随公司对领导公司资本投资行为响应强烈。说明相比较低成本的内部融资，高成本的外部融资是阻碍跟随公司做出进一步投资活动的阻碍。也说明降低外部融资依赖性强的公司的外部融资成本有利于公司投资，是促进公司创新和经济增长的必要选择。

第三节　研究展望

本书以沪深 300 指数重构为背景，检验了指数所有权对管理层预测、股票流动性的影响，并分析了股票流动性的影响路径。由于股票流动性的增加降低了资本成本，增加了公司的资本投资，本书进一步检验了进入沪深 300 指数的公司资本投资增加对行业同群公司产生的影响，并分析了影响机制。虽然取得了一定的研究结论和成果，但受限于时间和认知水平，仍有一些问题和研究思路，以待后续进一步研究。

（1）在沪深300指数重构的背景下，本书获得影响股票流动性的两条路径：一条是无信息生产流动性增加，指数基金所有权无策略的再平衡交易增加了持有股票的流动性；另一条是有信息生产的流动性增加，管理层预测次数的增加显著地较少市场信息不对称程度，进一步增加了股票流动性。把范围拓展到国际金融市场上（欠发达资本市场和发达的资本市场）检验这个结论是否同样成立，进一步增加这个结论的一般性。

机构投资者作为治理机制的一部分，受到越来越多的关注，由于机构投资者的异质性和行为复杂性，不同的动机影响公司决策制定，产生冲突的结论。机构投资者扮演积极的角色监督和控制公司，有利于公司减少代理成本和信息不对称。但也有文献发现季度盈余指引吸引了以短期业绩为目标的短期投资者，激励了管理层的短视行为。在中国，机构投资者主要包括：证券投资基金、社保基金、合格境外投资者、券商自营、保险公司等。这些机构投资者持有上市公司的头寸和持有时间存在很大的差异，对公司监督的积极性和能力存在差异。首先，中国上市公司所有权结构比较集中，最大股东通常是国家或家族，国家或创始家族不太可能默许或屈从于外部机构投资者的积极主义。这种情形下，机构投资者对公司的治理能力是个问题。其次，中国是一个发展中经济体，股票市场波动和不稳定比较大，机构投资者很难有长期投资。从而导致机构投资者是买入和卖出投机者，而不是买入和持有投资者。机构投资者有没有动力对他们短期投资的公司进行监督也是一个问题。最后，观察机构投资者是否出席股东大会、投票、实地调研等活动，了解不同的活动方式下，机构投资者对公司决策的影响。

（2）虽然本书检验了进入沪深300指数公司股票流动性增加对公司资本投资产生积极的影响。但对于股票流动性对公司资本投资的影响，文献上存在冲突的实证证据，股票流动性增加能够放松融资约束，驱动管理层承担较大风险的投资活动；但也可能增加敌意收购的概率，造成管理层的短视，从而减少长期项目的投资。所以在中国制度背景下对这个问题深入研究是非常有意义的。

在道德风险框架下，财务报告与管理者努力厌恶和风险厌恶相关的文献仍处于初始阶段，一系列文献的一个关键特征是财务报告可能会减轻或加剧道德风险，从而提高或阻碍投资效率。具体而言，研究发现在某些情况下更高的报告质量提高了股东监控管理者的能力，从而减少了管理者过度投资的动机。同时，合同和估值中对会计信息的依赖创造了财务报告基准，激励管理者达到或超过这些基准，部分原因是扭曲了他们的投资行为。道德风险背景下的一个关键问题是，管理者不仅对其投资决策施加控制，而且在报告选择方面也有自由裁量权，包括他们决定追求的短期收益或长期增长的具体报告目标。强制性报告要求、管理者的自愿性披露选择及对投资决策的相互作用需要大量研究，了解在何种情况下对投资效率的影响是有益的还是扭曲的。

在不确定性框架下，同行公司披露的会计信息可以减少管理者和股东对自身公司增长机会的不确定性，从而提高投资效率。另外，为自己的公司提交和编制财务报告可以增强管理者的信息集，从而影响其投资决策的质量。目前，相对较少的研究提供了"学习"渠道的证据，许多问题仍有待更深入的探讨。例如，管理者从其同行公司披露中获取的知识何时代表了以专有成本形式从同行转移的财富，而不是增加关于投资机会的集体信息？类似地，公司财务报表向其投资者披露的关于未来投资机会的信息类型是什么？财务报告和管理报告之间的联系可能是回答最后一个问题的关键。

（3）本书在沪深300指数重构的背景下，研究了公司资本投资的同群效应和影响机制。我们也可以把同群效应拓展到其他的制度背景和公司决策的其他领域，特别是群组的构建、识别以及如何区分一致性、互补性、社会学习、风险分担等作用机制是非常具有挑战性的，另外，管理者、大股东和异质性机构投资者在同群效应形成过程中所扮演的角色需要进一步深入的研究。

在网络视角下，最近部分文献研究了如审计师、董事会成员、股东等共同代理人的使用是否影响公司的决策。此类研究的前提是，共享代理人存在利益冲突或充当信息渠道，从而影响管理者的决策。研究拥有共同代理人的经济后果是一个重要的研究领域。

2005 年 7 月 ~ 2016 年 6 月进入 CSI300 的公司行业年分布

代码	行业名称	日期	频数
A0	畜牧业	2012 – 01 – 04	1
B0	煤炭开采和洗选业	2005 – 07 – 01	1
B0	煤炭开采和洗选业	2007 – 01 – 04	4
B0	煤炭开采和洗选业	2007 – 07 – 02	2
B0	煤炭开采和洗选业	2008 – 07 – 01	1
B0	煤炭开采和洗选业	2009 – 01 – 05	3
B0	煤炭开采和洗选业	2009 – 07 – 01	1
B0	煤炭开采和洗选业	2010 – 01 – 04	1
B0	煤炭开采和洗选业	2011 – 01 – 04	1
B0	煤炭开采和洗选业	2011 – 07 – 01	1
B0	煤炭开采和洗选业	2012 – 01 – 04	2
B0	煤炭开采和洗选业	2013 – 01 – 04	1
B0	煤炭开采和洗选业	2013 – 07 – 01	2
B0	煤炭开采和洗选业	2015 – 06 – 15	1
B1	开采辅助活动	2006 – 01 – 01	1
B1	开采辅助活动	2016 – 06 – 13	1

代码	行业名称	日期	频数
C13	农副食品加工业	2007 – 07 – 02	1
C13	农副食品加工业	2009 – 01 – 05	2
C13	农副食品加工业	2011 – 01 – 04	1
C14	食品制造业	2012 – 01 – 04	1
C14	食品制造业	2012 – 07 – 02	1
C14	食品制造业	2013 – 12 – 16	1
C14	食品制造业	2014 – 12 – 15	2
C15	酒、饮料和精制茶制造业	2006 – 07 – 03	3
C15	酒、饮料和精制茶制造业	2010 – 07 – 01	1
C15	酒、饮料和精制茶制造业	2013 – 01 – 04	1
C15	酒、饮料和精制茶制造业	2016 – 06 – 13	1
C18	纺织服装、服饰业	2011 – 07 – 01	1
C18	纺织服装、服饰业	2014 – 12 – 15	1
C21	家具制造业	2008 – 01 – 02	1
C24	文教、工美、体育和娱乐用品	2014 – 06 – 16	1
C25	石油加工、炼焦及核燃料加工业	2005 – 07 – 01	2
C25	石油加工、炼焦及核燃料加工业	2013 – 12 – 16	1
C26	化学原料及化学制品制造业	2005 – 07 – 01	1
C26	化学原料及化学制品制造业	2006 – 01 – 01	2
C26	化学原料及化学制品制造业	2007 – 01 – 04	2
C26	化学原料及化学制品制造业	2008 – 07 – 01	1
C26	化学原料及化学制品制造业	2009 – 01 – 05	1
C26	化学原料及化学制品制造业	2009 – 07 – 01	1
C26	化学原料及化学制品制造业	2011 – 01 – 04	1
C26	化学原料及化学制品制造业	2012 – 01 – 04	1
C26	化学原料及化学制品制造业	2012 – 07 – 02	1
C26	化学原料及化学制品制造业	2014 – 06 – 16	2

续表

代码	行业名称	日期	频数
C27	医药制造业	2005 – 07 – 01	3
C27	医药制造业	2006 – 01 – 01	1
C27	医药制造业	2006 – 07 – 03	3
C27	医药制造业	2007 – 01 – 04	1
C27	医药制造业	2009 – 01 – 05	3
C27	医药制造业	2009 – 07 – 01	3
C27	医药制造业	2010 – 01 – 04	1
C27	医药制造业	2011 – 01 – 04	2
C27	医药制造业	2012 – 01 – 04	1
C27	医药制造业	2013 – 07 – 01	1
C27	医药制造业	2013 – 12 – 16	2
C27	医药制造业	2014 – 06 – 16	2
C27	医药制造业	2016 – 06 – 13	1
C28	化学纤维制造业	2011 – 07 – 01	1
C28	化学纤维制造业	2012 – 01 – 04	1
C28	化学纤维制造业	2012 – 07 – 02	1
C29	橡胶和塑料制品业	2006 – 07 – 03	1
C29	橡胶和塑料制品业	2013 – 07 – 01	1
C30	非金属矿物制品业	2009 – 07 – 01	2
C30	非金属矿物制品业	2012 – 01 – 04	1
C31	黑色金属冶炼及压延加工业	2006 – 01 – 01	1
C31	黑色金属冶炼及压延加工业	2006 – 07 – 03	1
C31	黑色金属冶炼及压延加工业	2008 – 01 – 02	2
C31	黑色金属冶炼及压延加工业	2009 – 07 – 01	1
C31	黑色金属冶炼及压延加工业	2014 – 12 – 15	2
C31	黑色金属冶炼及压延加工业	2015 – 06 – 15	1
C32	有色金属冶炼及压延加工业	2006 – 01 – 01	1
C32	有色金属冶炼及压延加工业	2006 – 07 – 03	2

代码	行业名称	日期	频数
C32	有色金属冶炼及压延加工业	2007 – 01 – 04	2
C32	有色金属冶炼及压延加工业	2007 – 07 – 02	2
C32	有色金属冶炼及压延加工业	2008 – 01 – 02	2
C32	有色金属冶炼及压延加工业	2012 – 01 – 04	1
C32	有色金属冶炼及压延加工业	2013 – 12 – 16	1
C33	金属制品业	2006 – 01 – 01	1
C34	通用设备制造业	2005 – 07 – 01	1
C34	通用设备制造业	2006 – 07 – 03	1
C34	通用设备制造业	2009 – 07 – 01	1
C34	通用设备制造业	2014 – 12 – 15	1
C35	专用设备制造业	2007 – 01 – 04	2
C35	专用设备制造业	2007 – 07 – 02	1
C35	专用设备制造业	2009 – 07 – 01	1
C35	专用设备制造业	2011 – 01 – 04	2
C35	专用设备制造业	2011 – 07 – 01	2
C35	专用设备制造业	2012 – 07 – 02	1
C35	专用设备制造业	2015 – 12 – 14	1
C36	汽车制造业	2006 – 01 – 01	1
C36	汽车制造业	2007 – 01 – 04	1
C36	汽车制造业	2008 – 01 – 02	3
C36	汽车制造业	2010 – 01 – 04	1
C36	汽车制造业	2012 – 01 – 04	2
C36	汽车制造业	2012 – 07 – 02	1
C36	汽车制造业	2013 – 01 – 04	1
C37	铁路、船舶、航空航天和其他	2006 – 01 – 01	1
C37	铁路、船舶、航空航天和其他	2007 – 01 – 04	2
C37	铁路、船舶、航空航天和其他	2007 – 07 – 02	1
C37	铁路、船舶、航空航天和其他	2009 – 07 – 01	1

续表

代码	行业名称	日期	频数
C37	铁路、船舶、航空航天和其他	2010 – 07 – 01	1
C37	铁路、船舶、航空航天和其他	2011 – 01 – 04	1
C37	铁路、船舶、航空航天和其他	2012 – 01 – 04	1
C37	铁路、船舶、航空航天和其他	2014 – 12 – 15	1
C38	电气机械及器材制造业	2006 – 01 – 01	1
C38	电气机械及器材制造业	2007 – 01 – 04	1
C38	电气机械及器材制造业	2009 – 07 – 01	2
C38	电气机械及器材制造业	2010 – 01 – 04	1
C38	电气机械及器材制造业	2011 – 01 – 04	2
C38	电气机械及器材制造业	2013 – 12 – 16	2
C38	电气机械及器材制造业	2014 – 12 – 15	1
C39	计算机、通信和其他	2006 – 07 – 03	3
C39	计算机、通信和其他	2007 – 01 – 04	1
C39	计算机、通信和其他	2011 – 01 – 04	2
C39	计算机、通信和其他	2011 – 07 – 01	1
C39	计算机、通信和其他	2012 – 07 – 02	1
C39	计算机、通信和其他	2013 – 01 – 04	2
C39	计算机、通信和其他	2013 – 07 – 01	1
C39	计算机、通信和其他	2013 – 12 – 16	2
C39	计算机、通信和其他	2014 – 06 – 16	4
C39	计算机、通信和其他	2014 – 12 – 15	1
C39	计算机、通信和其他	2016 – 06 – 13	3
D4	电力、热力生产和供应业	2006 – 01 – 01	1
D4	电力、热力生产和供应业	2007 – 07 – 02	1
D4	电力、热力生产和供应业	2008 – 01 – 02	1
D4	电力、热力生产和供应业	2009 – 01 – 05	1
D4	电力、热力生产和供应业	2009 – 07 – 01	1
D4	电力、热力生产和供应业	2010 – 07 – 01	1

续表

代码	行业名称	日期	频数
D4	电力、热力生产和供应业	2011 – 01 – 04	1
D4	电力、热力生产和供应业	2012 – 01 – 04	1
D4	电力、热力生产和供应业	2013 – 01 – 04	2
D4	电力、热力生产和供应业	2013 – 12 – 16	2
D4	电力、热力生产和供应业	2015 – 12 – 14	2
E4	土木工程建筑业	2006 – 07 – 03	1
E4	土木工程建筑业	2008 – 07 – 01	1
E4	土木工程建筑业	2009 – 01 – 05	1
E4	土木工程建筑业	2010 – 07 – 01	1
E4	土木工程建筑业	2011 – 07 – 01	1
E4	土木工程建筑业	2012 – 01 – 04	1
E4	土木工程建筑业	2012 – 07 – 02	1
E4	土木工程建筑业	2013 – 01 – 04	1
E4	土木工程建筑业	2015 – 12 – 14	1
E5	建筑装饰和其他建筑业	2012 – 07 – 02	1
E5	建筑装饰和其他建筑业	2013 – 01 – 04	1
F5	零售业	2005 – 07 – 01	1
F5	零售业	2006 – 01 – 01	1
F5	零售业	2006 – 07 – 03	3
F5	零售业	2007 – 07 – 02	1
F5	零售业	2010 – 07 – 01	1
F5	零售业	2011 – 01 – 04	1
F5	零售业	2011 – 07 – 01	1
F5	零售业	2012 – 01 – 04	1
F5	零售业	2013 – 07 – 01	1
F5	零售业	2014 – 06 – 16	1
F5	零售业	2016 – 06 – 13	1
G5	航空运输业	2005 – 07 – 01	2

代码	行业名称	日期	频数
G5	航空运输业	2006 – 07 – 03	1
G5	航空运输业	2007 – 01 – 04	1
G5	航空运输业	2007 – 07 – 02	2
G5	航空运输业	2008 – 01 – 02	2
G5	航空运输业	2008 – 07 – 01	1
G5	航空运输业	2011 – 07 – 01	1
G5	航空运输业	2015 – 06 – 15	2
G5	航空运输业	2015 – 12 – 14	1
H6	住宿业	2006 – 07 – 03	1
I6	软件和信息技术服务业	2006 – 07 – 03	3
I6	软件和信息技术服务业	2008 – 07 – 01	1
I6	软件和信息技术服务业	2011 – 01 – 04	1
I6	软件和信息技术服务业	2013 – 01 – 04	1
I6	软件和信息技术服务业	2013 – 12 – 16	3
I6	软件和信息技术服务业	2014 – 06 – 16	4
I6	软件和信息技术服务业	2014 – 12 – 15	3
I6	软件和信息技术服务业	2015 – 06 – 15	3
I6	软件和信息技术服务业	2015 – 12 – 14	2
I6	软件和信息技术服务业	2016 – 06 – 13	4
K7	房地产业	2006 – 01 – 01	1
K7	房地产业	2006 – 07 – 03	1
K7	房地产业	2007 – 01 – 04	2
K7	房地产业	2007 – 07 – 02	3
K7	房地产业	2008 – 01 – 02	4
K7	房地产业	2008 – 07 – 01	3
K7	房地产业	2009 – 07 – 01	1
K7	房地产业	2010 – 01 – 04	3
K7	房地产业	2011 – 01 – 04	1

续表

代码	行业名称	日期	频数
K7	房地产业	2013 – 01 – 04	1
K7	房地产业	2013 – 07 – 01	1
K7	房地产业	2013 – 12 – 16	1
K7	房地产业	2015 – 12 – 14	1
K7	房地产业	2016 – 06 – 13	1
L7	商务服务业	2006 – 07 – 03	1
L7	商务服务业	2010 – 07 – 01	1
L7	商务服务业	2012 – 01 – 04	1
L7	商务服务业	2014 – 06 – 16	1
L7	商务服务业	2014 – 12 – 15	1
L7	商务服务业	2015 – 12 – 14	1
L7	商务服务业	2016 – 06 – 13	2
N7	生态保护和环境治理业	2013 – 12 – 16	1
N7	生态保护和环境治理业	2014 – 12 – 15	1
Q8	卫生	2014 – 12 – 15	1
R8	新闻和出版业	2005 – 07 – 01	1
R8	新闻和出版业	2011 – 07 – 01	1
R8	新闻和出版业	2012 – 07 – 02	1
R8	新闻和出版业	2013 – 07 – 01	1
R8	新闻和出版业	2014 – 06 – 16	2
R8	新闻和出版业	2014 – 12 – 15	4
R8	新闻和出版业	2015 – 12 – 14	2
S9	综合	2005 – 07 – 01	1
S9	综合	2012 – 01 – 04	2
S9	综合	2015 – 12 – 14	1
合计	—	—	303

注：根据中国证监会《上市公司行业分类指引（2012 年版）》，制造业取前两位代码、其他行业取前一位代码，行业名称以频率出现高的代理。

参 考 文 献

[1] 蔡吉甫. 会计信息质量与公司投资效率——基于 2006 年会计准则趋同前后深沪两市经验数据的比较研究 [J]. 管理评论, 2013, 25 (4): 166 - 176.

[2] 操巍. 管理层盈利预测、信息披露质量与审计验证 [J]. 中国审计评论, 2015, 4 (2): 48 - 56.

[3] 陈仕华, 卢昌崇. 企业间高管联结与并购溢价决策——基于组织间模仿理论的实证研究 [J]. 管理世界, 2013 (5): 144 - 156.

[4] 程聪, 谢洪明, 杨英楠, 等. 理性还是情感: 动态竞争中企业 "攻击 - 回应" 竞争行为的身份域效应——基于 AMC 模型的视角 [J]. 管理世界, 2015 (8): 132 - 146.

[5] 程书强. 机构投资者持股与上市公司会计盈余稳定关系实证研究 [J]. 管理世界, 2006 (9): 129 - 136.

[6] 程新生, 谭有超, 刘建梅. 非财务信息、外部融资与投资效率——基于外部制度约束的研究 [J]. 管理世界, 2012 (7): 137 - 150, 188.

[7] 程新生, 谭有超, 许垒. 公司价值、自愿披露与市场化进程——基于定性信息的披露 [J]. 金融研究, 2011 (8): 111 - 127.

[8] 程新生, 徐婷婷, 王琦, 等. 自愿性信息披露与公司治理: 董事会功能与大股东行为 [J]. 武汉大学学报 (哲学社会科学版), 2008, 61 (4): 489 - 494.

[9] 方军雄. 我国上市公司信息披露透明度与证券分析师预测 [J]. 金融研究, 2007 (6): 136 – 148.

[10] 高敬忠, 韩传模, 王英允. 控股股东行为与管理层业绩预告披露策略——以我国 A 股上市公司为例 [J]. 审计与经济研究, 2013 (4): 75 – 83.

[11] 高敬忠, 周晓苏, 王英龙. 机构投资者持股对信息披露的治理作用研究——以管理盈余公告为例 [J]. 南开管理评论, 2011, 14 (5): 129 – 140.

[12] 龚光明, 李沁原. 自愿性信息披露、财务绩效与市场反应的实证研究 [J]. 统计与决策, 2014 (20): 161 – 164.

[13] 韩鹏, 岳园园. 企业创新行为信息披露的经济后果研究 [J]. 会计研究, 2016 (1): 49 – 55, 95.

[14] 韩鹏飞, 胡奕明, 何玉, 等. 企业集团运行机制研究: 掏空、救助还是风险共担? [J]. 管理世界, 2018, 34 (5): 120 – 136.

[15] 胡静波, 李立, 李卜. 上市公司 MD&A 信息披露有效性评价与分析 [J]. 工业技术经济, 2011 (8): 134 – 138.

[16] 黄再胜. 高管薪酬自愿性披露存在信息操纵吗——来自中国上市公司的经验证据 [J]. 南开管理评论, 2013, 16 (4): 68 – 79.

[17] 蒋健蓉, 龚芳. 我国证券投资者结构呈现三大变化 [N]. 中国证券报, 2017 – 07 – 22 (A07).

[18] 李凤莲, 游达明. 企业价值报告框架下我国上市公司自愿信息披露行为的实证研究 [J]. 系统工程, 2014, 32 (4): 124 – 130.

[19] 李慧云, 郭晓萍, 张林, 等. 自愿性信息披露水平高的上市公司治理特征研究 [J]. 统计研究, 2013, 30 (7): 72 – 77.

[20] 李慧云, 刘镝. 市场化进程、自愿性信息披露和权益资本成本 [J]. 会计研究, 2016 (1): 71 – 78.

[21] 李慧云, 周华艳, 胡欣蕾, 等. 自愿性信息披露质量评判方法的架构与实现 [J]. 统计与决策, 2017 (8): 70 – 73.

[22] 李连发, 辛晓岱. 外部融资依赖、金融发展与经济增长: 来自非上市

企业的证据 [J]. 金融研究, 2009 (2): 73-86.

[23] 李晓梅, 刘志新. 基于同群效应的基金经理投资决策研究 [C]. 中国管理科学学术年会. 北京:《中国管理科学》编辑部, 2010: 266-269.

[24] 李新春, 陈斌. 企业群体性败德行为与管制失效——对产品质量安全与监管的制度分析 [J]. 经济研究, 2013, 10: 98-111.

[25] 李越冬, 严青. 机构持股、终极产权与内部控制缺陷 [J]. 会计研究, 2017 (5): 75-81.

[26] 林钟高, 刘文庆. 信息披露监管模式变更影响企业投资效率吗?——基于双重差分模型的实证检验 [J]. 财经理论与实践, 2022, 43 (4): 67-77.

[27] 刘慧芬, 王华. 竞争环境、政策不确定性与自愿性信息披露 [J]. 经济管理, 2015, 37 (11): 145-155.

[28] 刘京军, 刘彦初, 熊和平. 基金竞争与泡沫资产配置的模仿行为研究 [J]. 管理科学学报, 2018, 21 (2): 114-126.

[29] 刘霞, 陈建军. 产业集群成长的组织间学习效应研究 [J]. 科研管理, 2012, 33 (4): 28-35.

[30] 鲁桂华, 张静, 刘保良. 中国上市公司自愿性积极业绩预告: 利公还是利私——基于大股东减持的经验证据 [J]. 南开管理评论, 2017, 20 (2): 133-143.

[31] 陆蓉, 常维. 近墨者黑: 上市公司违规行为的"同群效应" [J]. 金融研究, 2018 (8): 172-189.

[32] 罗炜, 朱春艳. 代理成本与公司自愿性披露 [J]. 经济研究, 2010 (10): 143-155.

[33] 罗晓辉, 胡珑瑛, 万丛颖. 结构趋同与"优势企业扶持"政策的创新激励效应——来自地方政府同质化竞争的解释 [J]. 管理世界, 2018 (12): 181-183.

[34] 牛建波, 吴超, 李胜楠. 机构投资者类型、股权特征和自愿性信息披露 [J]. 管理评论, 2013, 25 (3): 48-59.

[35] 潘怡麟，朱凯，陈信元. 决策权配置与公司价值——基于企业集团的经验证据 [J]. 管理世界，2018 (12)：111 – 119.

[36] 石桂峰. 地方政府干预与企业投资的同伴效应 [J]. 财经研究，2015，41 (12)：84 – 94.

[37] 石美娟，童卫华. 机构投资者提升公司价值吗？——来自后股改时期的经验证据 [J]. 金融研究，2009 (10)：350 – 361.

[38] 谭劲松，林雨晨. 机构投资者对信息披露的治理效应——基于机构调研行为的证据 [J]. 南开管理评论，2016，19 (5)：115 – 126.

[39] 唐跃军，宋渊洋. 价值选择 VS 价值创造——来自中国市场机构投资者的证据 [J]. 经济学季刊，2010，9 (2)：609 – 632.

[40] 腾飞，辛宇，顾小龙. 产品市场竞争与上市公司违规 [J]. 会计研究，2016 (9)：32 – 40.

[41] 万良勇，梁婵娟，饶静. 上市公司并购决策的行业同群效应研究 [J]. 南开管理评论，2016，19 (3)：40 – 50.

[42] 万鹏，曲晓辉. 董事长个人特征、代理成本与营收计划的自愿披露 [J]. 会计研究，2012 (7)：15 – 23.

[43] 汪炜，袁东任. 盈余质量对自愿性信息披露的影响及作用机理 [J]. 统计研究，2014，31 (4)：89 – 96.

[44] 汪玉兰，易朝辉. 投资组合的权重重要吗？——基于机构投资者对盈余管理治理效应的实证研究 [J]. 会计研究，2017 (5)：45 – 51.

[45] 王琨，肖星. 机构投资者持股与关联方占用的实证研究 [J]. 南开管理评论，2005，8 (2)：27 – 32.

[46] 王雄元，喻长秋. 专有成本与公司自愿性信息披露——基于客户信息披露的分析 [J]. 财经研究，2014，40 (12)：27 – 38.

[47] 徐明东，田素华. 转型经济改革与企业投资的资本成本敏感性——基于中国国有工业企业的微观证据 [J]. 管理世界，2013 (2)：125 – 135.

[48] 姚晶晶，鞠冬，张建君. 企业是否会近墨者黑：企业规模、政府重要性与企业政治行为 [J]. 管理世界，2015 (7)：98 – 108.

［49］ 姚颐，刘志远．机构投资者具有监督作用吗？［J］．金融研究，2009
（6）：128－143．

［50］ 叶康涛，刘芳，李帆．股指成份股调整与股价崩盘风险：基于一项准
自然实验的证据［J］．金融研究，2018（3）：172－189．

［51］ 于团叶，张逸伦，宋晓满．自愿性信息披露程度及其影响因素研
究——以我国创业板公司为例［J］．审计与经济研究，2013（2）：
68－78．

［52］ 张超，刘星．内部控制缺陷信息披露与企业投资效率——基于中国上
市公司的经验研究［J］．南开管理评论，2015，18（5）：136－150．

［53］ 张涤新，李忠海．机构投资者对其持股公司绩效的影响研究——基于
机构投资者自我保护的视角［J］．管理科学学报，2017，20（5）：
82－101．

［54］ 张会丽，陆正飞．现金分布、公司治理与过度投资——基于我国上市
公司及其子公司的现金持有状况的考察［J］．管理世界，2012（3）：
141－150．

［55］ 赵颖．中国上市公司高管薪酬的同群效应分析［J］．中国工业经济，
2016（2）：114－129．

［56］ 中国证券监督管理委员会．中国上市公司治理发展报告［M］．北京：
中国金融出版社，2010．

［57］ 钟马，徐光华．社会责任信息披露、财务信息质量与投资效率——基
于“强制披露时代”中国上市公司的证据［J］．管理评论，2017，29
（2）：234－244．

［58］ 周绍妮，张秋生，胡立新．机构投资者持股能提升国企并购绩效
吗？——兼论中国机构投资者的异质性［J］．会计研究，2017（6）：
67－74．

［59］ Aboody D，Kasznik R. CEO stock option awards and the timing of voluntary
disclosures［J］. Journal of Accounting and Economics，2000，29（1）：
73－100．

［60］ Acharya V V，Pedersen L H. Asset pricing with liquidity risk［J］. Journal of

Financial Economics, 2005, 77 (2): 375 – 410.

[61] Agarwal V, Vashishtha R, Venkatachalam M. Mutual fund tranparency and corporate myopia [J]. The Review of Financial Studies, 2018, 31 (5): 1966 – 2003.

[62] Aghion P, Van Reenen J, Zingales L. Innovation and institutional ownership [J]. American Economic Review, 2013, 103 (1): 277 – 304.

[63] Ajinkya B, Bhojraj S, Sengupta P. The association between outside directors, institutional investors, and the properties of management earnings forecasts [J]. Journal of Accounting Research, 2005, 43 (3): 343 – 376.

[64] Akerlof G A. The market for "lemons": Quality uncertainty and the market mechanism [J]. The Quarterly Journal of Economics, 1970, 84 (3): 488 – 500.

[65] Ali A, Klasa S, Yeung E. Industry concentration and corporate disclosure policy [J]. Journal of Accounting and Economics, 2014, 58 (2 – 3): 240 – 264.

[66] Alvarez R, Jara M, Pombo C. Do institutional blockholders influence corporate investment? Evidence from emerging markets [J]. Journal of Corporate Finance, 2018, 53: 38 – 64.

[67] Amihud Y, Hameed A, Kang W, et al. The illiquidity premium: International evidence [J]. Journal of Financial Economics, 2015, 117 (2): 350 – 368.

[68] Amihud Y, Mendelson H. Asset pricing and the bid-ask spread [J]. Journal of Financial Economics, 1986, 17 (2): 223 – 249.

[69] Amihud Y, Mendelson H. Liquidity, asset prices and financial policy [J]. Financial Analysts Journal, 1991, 47 (6): 56 – 66.

[70] Amihud Y. Illiquidity and stock returns: Cross-section and time-series effects [J]. Journal of Financial Markets, 2002, 5 (1): 31 – 56.

[71] Amore M D. The influence of peer firms in board appointments: Evidence from family firms [R]. Working Paper, www. ssrn. com, 2016.

[72] Appel I R, Gormley T A, Keim D B. Passive investors, not passive owners [J]. Journal of Financial Economics, 2016, 121 (1): 111 – 141.

[73] Armstrong C S, Guay W R, Weber J P. The role of information and financial reportingin corporate governance and debt contracting [J]. Journal of Accounting and Economics, 2010, 50: 179 – 234.

[74] Badertscher B, Shroff N, White H D. Externalities of public firm presence: Evidence from private firms' investment decisions [J]. Journal of Financial Economics, 2013, 109 (3): 682 – 706.

[75] Baginski S P, Campbell J L, Hinson L A, et al. Do career concerns affect the delay of bad news disclosure? [J]. The Accounting Review, 2018, 93 (2): 61 – 95.

[76] Balakrishnan K, Billings M B, Kelly B, et al. Shaping liquidity: On the causal effects of voluntary disclosure [J]. The Journal of Finance, 2014, 69 (5): 2237 – 2278.

[77] Balakrishnan K, Watts R, Zuo L. The effect of accounting conservatism on corporate investment during the global financial crisis [J]. Journal of Business Finance & Accounting, 2016, 43 (5 – 6): 513 – 542.

[78] Banerjee A V. A simple model of herd behavior [J]. The Quarterly Journal of Economics, 1992, 107 (3): 797 – 817.

[79] Beatty A, Liao S, Yu J J. The spillover effect of fraudulent financial reporting on peer firms' investments [J]. Journal of Accounting and Economics, 2013, 55 (2 – 3): 183 – 205.

[80] Becker-Blease J R, Paul D L. Stock liquidity and investment opportunities: Evidence from index additions [J]. Financial Management, 2006, 35 (3): 35 – 51.

[81] Belkhir M, Saad M, Samet A. Stock extreme illiquidity and the cost of capital [J]. Journal of Banking and Finance, 2018: 1 – 22.

[82] Bens D A, Nagar V, Wong M F. Real investment implications of employee stock option exercises [J]. Journal of Accounting Research, 2002, 40

(2): 359 – 393.

[83] Berger P G. Challenges and opportunities in disclosure research—A discussion of 'the financial reporting environment: Review of the recent literature' [J]. Journal of Accounting and Economics, 2011, 51 (1 – 2): 204 – 218.

[84] Bertomeu J, Beyer A, Dye R A. Capital structure, cost of capital, and voluntary disclosure [J]. The Accounting Review, 2011, 86 (3): 857 – 886.

[85] Bertrand M, Mullainathan S. Enjoying the quiet life? Corporate governance and managerial preferences [J]. Journal of Political Economy, 2003, 111 (5): 1043 – 1075.

[86] Beyer A, Cohen D A, Lys T Z, et al. The financial reporting environment: Review of the recent literature [J]. Journal of Accounting and Economics, 2010, 50 (2 – 3): 296 – 343.

[87] Beyer A, Larcker D F, Tayan B. Does the composition of a company's shareholder base really matter? [R]. Working Paper, Stanford University, 2014.

[88] Biddle G C, Hilary G, Verdi R S. How does financial reporting quality relate to investment efficiency? [J]. Journal of Accounting and Economics, 2009, 48 (2 – 3): 112 – 131.

[89] Biddle G C, Hilary G. Accounting quality and firm-level capital investment [J]. Journal of Accounting Research, 2006, 81 (5): 963 – 982.

[90] Bikhchandani S, Hirshleifer D, Welch I. A theory of fads, fashion, custom, and cultural change as informational cascades [J]. Journal of Political Economy, 1992, 100 (5): 992 – 1026.

[91] Bird A, Edwards A, Ruchti T G. Taxes and peer effects [J]. The Accounting Review, 2018, 93 (5): 97 – 117.

[92] Bird A, Karolyi S. Do institutional investors demand public disclosure? [J]. The Review of Financial Studies, 2016, 29 (12): 3245 – 3277.

[93] Blanco B, Garcia Lara J M, Tribo J A. Segment disclosure and cost of capital [J]. Journal of Business Finance & Accounting, 2015, 42 (3): 367 –411.

[94] Bloom N, Bond S, Van Reenen J. Uncertainty and investment dynamics [J]. Review of Economic Studies, 2007, 74 (2): 391 –415.

[95] Bonsall S B, Bozanic Z, Fischer P E. What do management earnings forecasts convey about the macroeconomy? [J]. Journal of Accounting Research, 2013, 51 (2): 225 –266.

[96] Boone A, White J. The effect of institutional ownership on firm transparency and information production [J]. Journal of Financial Economics, 2015, 117 (3): 508 –533.

[97] Bourvean T, Schoenfeld J. Shareholder activism and voluntary disclosure [J]. Review of Accounting Studies, 2017, 22 (7): 1307 –1339.

[98] Bourveau T, Lou Y, Wang R. Shareholder litigation and corporate disclosure: Evidence from derivative lawsuits [J]. Journal of Accounting Research, 2018, 56 (3): 797 –842.

[99] Bozanic Z, Roulstone D T, Buskirk A V. Management earnings forecasts and other forward-looking statements [J]. Journal of Accounting and Economics, 2018, 65 (1): 1 –20.

[100] Bradley D, Clarke J, Lee S, et al. Are analysts' recommendations informative? Intraday evidence on the impact of time stamp delays [J]. The Journal of Finance, 2014, 69 (2): 645 –672.

[101] Brogaard J, Li D, Xia Y. Stock liquidity and default risk [J]. Journal of Financial Economics, 2017, 124 (3): 486 –502.

[102] Brown S, Hillegeist S. How disclosure quality affects the level of information asymmetry [J]. Review of Accounting Studies, 2007, 12 (2): 343 –366.

[103] Brown S, Lo K, Hillegeist S. Conference calls and information asymmetry [J]. Journal of Accounting and Economics, 2004, 37 (3): 343 –366.

[104] Burks J J, Cuny C, Gerakos J, et al. Competition and voluntary disclosure: Evidence from deregulation in the banking industry [J]. Review of Accounting Studies, 2018, 23 (4): 1471 – 1511.

[105] Bushee B J, Noe C F. Corporate disclosure practices, institutional investors, and stock return volatility [J]. Journal of Accounting Research, 2000, 38: 171 – 202.

[106] Bushee B J. Do institutional investors prefer near-term earnings over long-run value? [J]. Contemporary Accounting Research, 2001, 18 (2): 207 – 246.

[107] Bushee B J. The influence of institutional investors on myopic R&D investment behavior [J]. The Accounting Review, 1998, 73 (3): 305 – 333.

[108] Bushman R M, Piotroski J D, Smith A J. Capital allocation and timely accounting recognition of economic losses [J]. Journal of Business Finance & Accounting, 2011: 38 (1 – 2): 1 – 33.

[109] Bushman R M, Smith A J. Financial accounting information and corporate governance [J]. Journal of Accounting and Economics, 2001, 32 (1 – 3): 237 – 333.

[110] Butler A W, Grullon G, Weston J P. Stock market liquidity and the cost of issuing equity [J]. Journal of Financial and Quantitative Analysis, 2005, 40 (2): 331 – 348.

[111] Cartwright E. Strategic delay and information cascades [J]. Journal of Economics, 2015, 114 (1): 63 – 74.

[112] Cawley J, Christopher R. The economics of risky health behavior [J]. Handbook of Health Economics, 2011, 2: 95 – 199.

[113] Chen F, Hope O K, Li Q, et al. Financial reporting quality and investment efficiency of private firms in emerging markets [J]. The Accounting Review, 2011, 86 (4): 1255 – 1288.

[114] Cheng Q, Cho Y, Yang H. Financial reporting changes and the internal information environment: Evidence from SFAS 142 [J]. Review of Account-

ing Studies, 2018, 23 (1): 347 – 383.

[115] Chen H, Noronnha G, Singal V. The price response to S&P500 index additions and deletions: Evidence of asymmetry and a new explanation [J]. Journal of Finance, 2004, 59 (4): 1901 – 1929.

[116] Chen J V, Nagar V, Schoenfeld J. Manager-analyst conversations in earnings conference calls [J]. Review of Accounting Studies, 2018, 23 (4): 1315 – 1354.

[117] Chen Q, Lo K. Inside trading and voluntary disclosures [J]. Journal of Accounting Research, 2006, 44 (5): 815 – 848.

[118] Chen S, Matsumoto D, Rajgopal S. Is silence golden? An empirical analysis of firms that stop giving quarterly earnings guidance [J]. Journal of Accounting and Economics, 2015, 51 (1): 134 – 150.

[119] Chen S L, Ma H. Peer dffects in decision making: Evidence from corporate investment [J]. China Journal of Accounting Research, 2017, 10 (2): 167 – 188.

[120] Chen T, Harford J, Lin C. Do analysts matter for governance? Evidence from natural experiments [J]. Journal of Financial Economics, 2015, 115 (2): 383 – 410.

[121] Chen W K, Lin C T. Asymmetric responses to stock index reconstitutions: Evidence from the CSI300 index additions and deletions [J]. Pacific-Basin Finance Journal, 2016, 40 (Part A): 36 – 48.

[122] Chen X, Harford J, Li K. Monitoring: Which institutions matter? [J]. Journal of Financial Economics, 2007, 86 (2): 279 – 305.

[123] Cho H, Muslu V. How do firms change investments based on MD&A disclosures of peer firms? [J]. The Accounting Review, 96 (2): 177 – 204.

[124] Choi B, Kim J B. The effect of CEO stock based compensation on the pricing of future earnings [J]. European Accounting Review, 2017, 26 (4): 651 – 679.

[125] Choi J H. Accrual accounting and resource allocation: A general equilibrium

analysis [J]. Journal of Accounting Research, 2021, 59 (4): 1179 – 1219.

[126] Christensen H B, Floyd E, Liu L Y, et al. The real effects of mandated information on social responsibility in financial reports: Evidence from mine-safety records [J]. Journal of Accounting and Economics, 2017, 64 (2 – 3): 284 – 304.

[127] Christensen H B. Why firms rarely adopt IFRS voluntarily? Academics find significant benefits and the costs appear to below [J]. Review of Accounting Studies, 2012, 17 (3): 518 – 525.

[128] Cohen D A, Zarowin P. Accrual-based and real earnings management activities around seasoned equity offerings [J]. Journal of Accounting and Economics, 2010, 50 (1): 2 – 19.

[129] Core J. A review of the empirical disclosure literature: Discussion [J]. Journal of Accounting and Economics, 2001, 31 (1 – 3): 441 – 456.

[130] Crane A D, Michenaud S, Weston J P. The effect of institutional ownership on payout policy: Evidence from index thresholds [J]. The Review of Financial Studies, 2016, 29 (6): 1377 – 1480.

[131] Curtis A B, Lundholm R J, McVay S E. Forecasting sales: A model and some evidencefrom the retail industry [J]. Contemporary Accounting Research, 2014, 31 (2): 581 – 608.

[132] DeLisle R, French D W, Schutte M G. Passive institutional ownership, R2 trends, and price informativeness [J]. The Financial Review, 2017, 52 (4): 627 – 659.

[133] Derrien F, Kecskes A. The real effects of financial shocks: Evidence from exogenous changes in analysts coverage [J]. The Journal of Finance, 2013, 68 (4): 1407 – 1440.

[134] Diamond D, Verrecchia R E. Disclosure, liquidity, and the cost of capital [J]. The Journal of Finance, 1991, 46 (4): 1325 – 1359.

[135] Dierynck B, Landsman W R, Renders A. Do managerial incentives drive

cost behavior? Evidence about the role of the zero earnings benchmark for labor cost behavior in private Belgian firms [J]. The Accounting Review, 2012, 87 (4): 1219 – 124.

[136] Donnelly R, Mulcahy M. Board structure, ownership, and voluntary disclosure in Ireland. corporate governance [J]. An International Review, 2008, 16 (6): 416 – 429.

[137] Duarte J, Young L. Why is PIN priced? [J]. Journal of Financial Economics, 2009, 91 (2): 119 – 138.

[138] Duchin R, Ozbas O, Sensoy B A. Costly external finance, corporate investment, and the subprime mortgage credit crisis [J]. Journal of Financial Economics, 2010, 97 (3): 418 – 435.

[139] Duong H K, Ngo A D, McGowan C B. Industry peer effect and the maturity structure of corporate debt [J]. Managerial Finance, 2015, 41 (7): 714 – 733.

[140] Durnev A, Mangen C. Corporate investments: Learning from restatements [J]. Journal of Accounting Research, 2009, 47: 679 – 720.

[141] Durnev A, Mangen C. The spillover effects of MD&A disclosures for real investment: The role of industry competition [J]. Journal of Accounting and Economics, 2020, 70 (1): 101299.

[142] Dyer T, Lang M, Stice-Lawrence L. Do managers really guide through the fog? On the challenges in assessing the causes of voluntary disclosure [J]. Journal of Accounting and Economics, 2016, 62 (2 – 3): 270 – 276.

[143] Easley D, Kiefer N, O'Hara M, et al. Liquidity, information, and infrequently traded stocks [J]. The Journal of Finance, 1996, 1 (4): 1405 – 1436.

[144] Edmans A, Heinle M S, Huang C. The real costs of financial efficiency when some information is soft [J]. Review of Finance, 2016, 20 (6): 2151 – 2182.

[145] Edmans A, Holderness C. Blockholders: A survey of theory and evidence

[J]. In the Handbook of Corporate Governance, 2016 (1): 541 – 636.

[146] Ellis J A, Fee C E, Thomas S E. Proprietary costs and the disclosure of information about customers [J]. Journal of Accounting Research, 2012, 50 (3): 685 – 727.

[147] Elyasiani E, Jia J J, Mao C X. Institutional ownership stability and the cost of debt [J]. Journal of Financial Markets, 2010, 13 (4): 475 – 500.

[148] Fang V W, Noe T H, Tice S. Stock market liquidity and firm value [J]. Journal of Financial Economics, 2009, 94 (1): 150 – 169.

[149] Fang V W, Tian X, Tice S. Does stock liquidity enhance or impede firm innovation? [J]. The Journal of Finance, 2014, 69 (5): 2085 – 2125.

[150] Fich E M, Harford J, Tran A L. Motivated monitors: The importance of institutional investors' portfolio weights [J]. Journal of Financial Economics, 2015, 118 (1): 21 – 45.

[151] Field L, Lowry M, Shu S. Does disclosure deter or trigger litigation? [J]. Journal of Accounting and Economics, 2005, 39 (9): 487 – 507.

[152] Foucault T, Fresard L. Learning from peers' stock prices and corporate investment [J]. Journal of Financial Economics, 2014, 111 (3): 554 – 577.

[153] Frankel R, Lee J, Lemayian Z. Proprietary costs and sealing documents in patent litigation [J]. Review of Accounting Studies, 2018, 23 (2): 452 – 486.

[154] Franz D R, Hassabelnaby H R, Lobo G J. Impact of proximity to debt covenant violation on earnings management [J]. Review of Accounting Studies, 2014, 19 (1): 473 – 505.

[155] Gillan S L, Starks L. Corporate governance proposals and shareholder activism: The role of institutional investors [J]. Journal of Financial Economics, 2000, 57 (2): 275 – 305.

[156] Giroud X, Mueller H M. Corporate governance, product market competition, and equity prices [J]. The Journal of Finance, 2011, 66 (2):

563 – 600.

[157] Gormley T A, Matsa D A. Playing it safe? Managerial preferences, risk, and agency conflicts [J]. Journal of Financial Economics, 2016, 122 (3): 431 –455.

[158] Grennan J. Dividend payments as a response to peer influence [J]. Journal of Financial Economics, 2019, 131 (3): 549 –570.

[159] Grinstein Y, Michaely R. Institutional holdings and payout policy [J]. The Journal of Finance, 2005, 60 (3): 1389 –1426.

[160] Guay W, Samuels D, Taylor D. Guiding through the fog: Financial statement complexity and voluntary disclosure [J]. Journal of Accounting and Economics, 2016, 62 (2 –3): 234 –269.

[161] Gu L F, Wang Y X, Yao W T, et al. Stock liquidity and corporate diversification: Evidence from China's split share structure reform [J]. Journal of Empirical Finance, 2018, 49: 57 –80.

[162] Healy P M, Palepu K G. Information asymmetry, corporate disclosure, and the capital markets: A review of the empirical disclosure literature [J]. Journal of Accounting and Economics, 2001, 31 (1 –3): 405 –440.

[163] Heitzman S, Huang M. Internal information quality and the sensitivity of investment to market prices and accounting profits [J]. Contemporary Accounting Research, 2019, 36 (3): 1699 –1723.

[164] Houston J, Lev B, Tucker J W. To guide or not to guide? Causes and consequences of stopping quarterly earnings guidance [J]. Contemporary Accounting Research, 2010, 27 (1): 143 –185.

[165] Hsu C, Ma Z M, Zhou K T, et al. The effect of stock liquidity on corporate risk-taking [J]. Journal of Accounting, Auditing, and Finance, 2018, Forthcoming.

[166] Hubbard R G. Capital-Market imperfections and investment [J]. Journal of Economic Literature, 1998, 36 (1): 193 –225.

[167] Hughes J S, Pae S. Voluntary disclosure of precision information [J].

Journal of Accounting and Economics, 2004, 37 (2): 261 - 289.

[168] Iliev P, Lowry M. Are mutual funds active voters? [J]. The Review of Financial Studies, 2015, 28 (2): 446 - 485.

[169] Im H J, Kang Y, Park Y J. Economic policy uncertainty and peer effects in corporate investment policy: Evidence from China [R]. Working Paper, www. ssrn. com, 2018.

[170] Investment Company Institute. 2017 Investment Company Fact Book [R]. www. icifactbook. org, 2017.

[171] Jensen M C, Meckling W H. Theory of the firm: Managerial behavior, agency costs and ownership structure [J]. Journal of Financial Economics, 1976, 3 (4): 305 - 360.

[172] Jensen M C. The modern industrial revolution, exit, and the failure of internal control systems [J]. Journal of Finance, 1993, 48 (3): 831 - 880.

[173] Jiang F, Kim K A. Corporate governance in China: A modern perspective [J]. Journanl of Corporate Finance, 2015, 32: 190 - 216.

[174] Jiang F X, Ma Y B, Shi B B. Stock liquidity and dividend payouts [J]. Journal of Corporate Finance, 2017, 42: 295 - 314.

[175] Joo C, Yang I, Yang T. Peer group effect in firm cash holding policy: Evidence from Korean manufacturing firms [J]. Asia-Pacific Financial Studies, 2016, 45 (4): 535 - 573.

[176] Kanodia C. Accounting disclosure and real effects [J]. Foundations and Trends in Accounting, 2006, 1 (3): 167 - 258.

[177] Kaustia M, Knupfer S. Peer performance and stock market entry [J]. Journal of Financial Economics, 2012, 104 (2): 321 - 338.

[178] Kaustia M, Rantala V. Common analyst-based method for defining peer firms [R]. Working Paper, www. ssrn. com, 2019.

[179] Kaustia M, Rantala V. Social learning and corporate peer effects [J]. Journal of Financial Economics, 2015, 117 (3): 653 - 669.

[180] Ke B, Lennox C S, Xin Q. The effect of China's weak institutional environment on the quality of Big 4 audits [J]. The Accounting Review, 2015, 90 (4): 1591 – 1619.

[181] Kimbrough M. The effect of conference calls on analyst and market underreaction to earnings announcements [J]. The Accounting Review, 2005, 80 (1): 189 – 219.

[182] Kim Y, Su L, Zhu X D. Does the cessation of quarterly earings guidance reduce investors' short-termism? [J]. Review of Accounting Studies, 2017, 22 (2): 715 – 752.

[183] King R, Pownall G, Waymire G. Expectations adjustments via timely management forecasts: Review, synthesis, and suggestions for future research [J]. Journal of Accounting Literature, 1990, 9: 113 – 144.

[184] Klemperer P. Equilibrium product lines: Competing head-to-head may be less competitive [J]. American Economic Review, 1992, 82 (4): 740 – 755.

[185] Kothari S P, Mizik N, Roychowdhury S. Managing for the moment: The Role of earnings management via real activities versus accruals in SEO valuation [J]. The Accounting Review, 2016, 91: 559 – 586.

[186] Kraft A G, Vashishtha R, Venkatachalam M. Frequent financial reporting and managerial myopia [J]. The Accounting Review, 2018, 93 (2): 249 – 275.

[187] Kravet T. Accounting conservatism and managerial risk-taking: Corporate acquisitions [J]. Journal of Accounting and Economics, 2014, 57: 218 – 240.

[188] Kreps D M. A course in microeconomic theory [M]. Princeton: Princeton University Press, 1990.

[189] Kumar P, Langberg N, Oded J, et al. Voluntary disclosure and strategic stock repurchases [J]. Journal of Accounting and Economics, 2017, 63 (2 – 3): 207 – 230.

[190] Kumar P, Langberg N. Innovation and investment bubbles [R]. Working Paper, University of Houston, 2010.

[191] Lambert R A, Leuz C, Verrecchia R E. Information asymmetry, information precision, and the cost of capital [J]. Review of Finance, 2012, 16 (1): 1 –29.

[192] Lambert R A, Verrecchia R E. Information, illiquidity, and cost of capital [J]. Contemporary Accounting Research, 2015, 32 (2): 438 –454.

[193] Lambert R A. Contracting theory and accounting [J]. Journal of Accounting and Economics, 2001, 32 (1 –3): 3 –87.

[194] Lang K. Voluntary disclosure and analyst forecast [J]. European Accounting Review, 2018, 27 (1): 23 –36.

[195] Lang M, Sul E. Linking industry concentration to proprietary costs and disclosure: Challenges and opportunities [J]. Journal of Accounting and Economics. 2014, 58 (2 –3): 265 –274.

[196] Lara J M G, Osma B G, Penalva F. Accounting conservatism and firm investment efficiency [J]. Journal of Accounting and Economics, 2016, 61 (1): 221 –238.

[197] Leary M, Roberts M R. Do peer firms affect corporate financial policy? [J]. The Journal of Finance, 2014, 69 (1): 139 –178.

[198] Leuz C, Verrecchia R. The economic consequences of increased disclosure [J]. Journal of Accounting Research, 2000, 38: 91 –124.

[199] Levi S, Zhang X. Asymmetric decrease in liquidity trading before earnings announcements and the announcement return premium [J]. Journal of Financial Economics, 2015, 118 (2): 383 –398.

[200] Li D, Xia Y. Does stock market liquidity help deter earning management? Evidence from the SEC Tick Size Pilot Test [R]. Working Paper, www. ssrn. com, 2019.

[201] Lieberman M B, Asaba S. Why do firms imitate each other? [J]. The Academy of Management Review, 2006, 31 (2): 366 –385.

[202] Li F. The information content of forward-looking statements in corporate filings-a naive Bayesian machine learning approach [J]. Journal of Accounting Research, 2010, 48 (5): 1049 – 1102.

[203] Li G, Lu L, Wu B, et al. Asymmetric information, illiquidity and asset returns: Evidence from China [J]. Quantitative Finance, 2014, 14 (6): 947 – 957.

[204] Lipson M L, Mortal S. Liquidity and capital structure [J]. Journal of Financial Markets, 2009, 12 (4): 611 – 644.

[205] Liu Y, Mao Y, Wang Z. Institutional ownership, peer pressure, and voluntary disclosures [J]. The Accounting Review, 2018, 93 (4): 283 – 308.

[206] Li V. Do false financial statements distort peer firms' decisions? [J]. The Accounting Review, 2016, 91 (1): 251 – 278.

[207] Li Y H, Liu Y P, Zhang L D. Trade secrets law and corporate disclosure: Causal evidence on the proprietary cost hypothesis [J]. Journal of Accounting Research, 2018, 56 (1): 265 – 308.

[208] Love I. Financial development and financing constraints: International evidence from the structural investment model [J]. Review of Financial Studies, 2003, 16 (3): 765 – 791.

[209] Lundholm R J, Sloan R G. Equity valuation and analysis with eVal [J]. McGraw-Hill Irwin, 2013.

[210] Manski C F. Identification of endogenous social effects: The reflection problem [J]. The Review of Economic Studies, 1993, 60 (3): 531 – 542.

[211] Massa M, Zaldokas A. Information transfers among co-owned firms [J]. Journal of Financial Intermediation, 2017, 31: 77 – 92.

[212] Mensa J F, Ljungqvist A. Do measures of financial constraints measure financial constraints? [J]. The Review of Financial Studies, 2016, 29 (2): 271 – 308.

[213] Modigliani F, Miller M H. The cost of capital, corporation finance and the

theory of investment [J]. American Economic Review, 1958, 48 (3): 261 – 297.

[214] Myers S C, Majluf N S. Corporate financing and investment decisions when firms have information that investors do not have [J]. Journal of Financial Economics, 1984, 13 (2): 187 – 221.

[215] Nagar V, Nanda D, Wysocki P. Discretionary disclosure and stock-based incentives [J]. Journal of Accounting and Economics, 2003, 34 (1): 283 – 309.

[216] Nini G, Smith D C, Sufi A. Creditor control rights and firm investment policy [J]. Journal of Financial Economics, 2009, 92 (3): 400 – 420.

[217] Pan C H, Pirinsky C A. Social influence in the housing market [J]. Journal of Financial and Quantitative Analysis, 2015, 50 (4): 757 – 779.

[218] Park S Y, Yoo K H. CEO career concerns and voluntary disclosure [J]. The Journal of Applied Business Research, 2016, 32 (6): 1603 – 1627.

[219] Piotroski J. Discretionary segment reporting decisions and the precision of investor beliefs [R]. Working Paper, University of Chicago, 1999.

[220] Pound J. Proxy contests and the efficiency of shareholder oversigh [J]. Journal of Financial Economics, 1988, 20 (1 – 3): 237 – 265.

[221] Povel P, Raith M. Optimal debt with unobservable investments [J]. Rand Journal of Economics, 2004, 35 (3): 599 – 616.

[222] Raith M. Competition, risk, and managerial incentives [J]. American Economic Review, 2003, 93 (4): 1425 – 1436.

[223] Rajan R G, Zingales L. Financial dependence and growth [J]. The American Economic Review, 1998, 88 (3): 559 – 586.

[224] Rauh J D, Sufi A. Explaining corporate capital structure: Product markets, leases, and asset similarity [J]. Review of Finance, 2012, 16 (1): 115 – 155.

[225] Richardson S, Sloan R, You H. What makes stock prices move? Fundamentals vs. investor recognition [J]. Financial Analysts Journal, 2012, 68

(2): 30 – 50.

[226] Richardson S. Over investment of free cash flow [J]. Review of Accounting Studies, 2006, 11 (2 – 3): 159 – 189.

[227] Roosenboom P, Schlingemann F P, Vasconcelos M. Does stock liquidity affect incentives to monitor? Evidence from corporate takeovers [J]. The Review of Financial Studies, 2014, 27 (8): 2392 – 2433.

[228] Roulstone D T. Analyst following and market liquidity [J]. Contemporary Accounting Research, 2003, 20 (3): 551 – 578.

[229] Roychowdhury S, Shroff N, Verdi R S. The effects of financial reporting and disclosure on corporate investment: A review [J]. Journal of Accounting and Economics, 2019, 68 (2 – 3): 101246.

[230] Roychowdhury S, Sletten E. Voluntary disclosure incentives and earnings informativeness [J]. The Accounting Review, 2012, 87 (5): 1679 – 1708.

[231] Roychowdhury S. Earnings management through real activities manipulation [J]. Journal of Accounting and Economics, 2006, 42: 335 – 370.

[232] Sakaki H, Jackson D, Jory S. Institutional ownership stability and real earnings management [J]. Review of Quantitative Finance and Accounting, 2017, 49 (1): 227 – 244.

[233] Scharfstein D S, Stein J C. Herd behavior and investment [J]. The American Economic Review, 1990, 80 (3): 465 – 479.

[234] Schmidt C, Fahlenbrach R. Do exogenous changes in passive institutional ownership affect corporate governance and firm value? [J]. Journal of Financial Economics, 2017, 124 (2): 285 – 306.

[235] Schoenfeld J. The effect of voluntary disclosure on stock liquidity: New evidence from index funds [J]. Journal of Accounting and Economics, 2017, 63 (1): 51 – 74.

[236] Seo H. Peer effects in corporate disclosure decisions [J]. Journal of Accounting and Economics, 2021, 71 (1): 101364.

[237] Shalev R. The information content of business combination disclosure level [J]. The Accounting Review, 2009, 84 (1): 239 - 270.

[238] Shleifer A, Vishny R W. Large shareholders and corporate control [J]. Journal of Political Economy, 1986, 94 (3): 461 - 488.

[239] Shleifer A. Do demand curves for stocks slope down? [J]. The Journal of Finance, 1986, 41 (3): 579 - 590.

[240] Shroff N, Sun A X, White H D. Information asymmetry: Evidence from the 2005 securities offering reform [J]. Journal of Accounting Research, 2013, 51 (5): 1299 - 1345.

[241] Shroff N, Verdi R S, Yu G. Information environment and the investment decisions of multinational corporations [J]. The Accounting Review, 2014, 89 (2): 759 - 790.

[242] Shroff N. Corporate investment and changes in GAAP [J]. Review of Accounting Studies, 2017, 22 (1): 1 - 63.

[243] Shue K. Executive networks and firms policies: Evidence from the random assignment of MBA peers [J]. The Review of Financial Studies, 2013, 26 (6): 1401 - 1442.

[244] Souza J M D, Ramesh K, Shen M. The interdependence between institutional ownership and information dissemination by data aggregators [J]. The Accounting Review, 2010, 85 (1): 159 - 193.

[245] Stein J C. Agency, information and corporate investment [J]. Handbook of the Economics of Finance, 2003, 1: 111 - 165.

[246] Trueman B. Analyst forecasts and herding behavior [J]. The Review of Financial Studies, 1994, 7 (1): 97 - 124.

[247] Veldkamp L. Information markets and the comovement of asset prices [J]. The Review of Financial Studies, 2006, 73 (3): 823 - 845.

[248] Verrecchia R E. Essays on disclosue [J]. Journal of Accounting and Economics, 2001, 32 (1 - 3): 97 - 180.

[249] Wang C, Murgulov Z, Haman J. Impact of changes in the CSI300 Index

constituents [J]. Emerging Markets Review, 2015, 24: 13 –33.

[250] Wang Y Z, Chen C R, Huang Y S. Economic policy uncertainty and cor-porate investment: Evidence from China [J]. Pacific-Basin Finance Jour-nal, 2014, 26 (3): 227 –243.

[251] Wasley C, Wu J. Why do managers voluntarily issue cash flows forecasts? [J]. Journal of Accounting Research, 2006, 44 (3): 389 –29.

[252] Watts R, Zimmerman J. Positive Accounting Theory [M]. Prentice-Hall, Englewood Cliffs, NJ, 1986.

[253] Wen J, Feng G F, Chang C P. Stock liquidity and enterprise innovation: New evidence from China [J]. The European Journal of Finance, 2018, 24 (9): 683 –713.

[254] Whited T M, Wu G. Financial Constraints Risk [J]. The Review of Finan-cial Studies, 2006, 19 (2): 531 –559.

[255] Wynn J P. Legal liability coverage and voluntary disclosure [J]. The Ac-counting Review, 2008, 83 (6): 1639 –1669.

[256] Xiong J C, Su D W. Stock liquidity and capital allocation efficiency: Evi-dence from Chinese listed companies [J]. China Journal of Accounting Studies, 2014, 2 (3): 228 –252.

[257] Yadav A, Shanker U. Do peer effects matter for explaining corporate board structures? [R]. Working Paper, www. ssrn. com, 2015.

[258] Yang H I. Capital market consequences of managers' voluntary disclosure styles [J]. Journal of Accounting and Economics, 2012, 53 (1 – 2): 167 –184.

[259] Yang J J, Chi J, Young M. Mutual fund investment strategies and prefer-ences [J]. The Chinese Economy, 2014, 47 (1): 5 –27.

[260] Zeff S A. The rise of "economics consequences" [J]. Journal of Account-ancy, 1978, 12: 56 –63.

[261] Zhang I X, Zhang Y. Insider trading restrictions and insiders' supply of in-formation: Evidence from earnings smoothing [J]. Contemporary Account-

ing Research, 2018, 35 (2): 898 –929.

[262] Zhang J. Strategic delay and the onset of investment cascades [J]. Rand Journal of Economics, 1997, 28 (1): 188 –205.

[263] Zhu S, Jiang X Y, Ke X L, et al. Stock index adjustments, analyst coverage and institutional holdings: Evidence from China [J]. China Journal of Accounting Research, 2017, 10 (3): 281 –293.

[264] Zou L. The informational feedback effect of stock process on management forecasts [J]. Journal of Accounting and Economics, 2016, 61 (2 –3): 391 –413.